Donald Keene

and

HAIKU

Mariya Marie

ドナルド・キーンと俳句

黛まどか

白水社

「行く夏や別れを惜む百合の昼」
（ドナルド・キーン句　梅田純一画　和紙に水彩　63×50cm）

ドナルド・キーンと俳句

装幀＝水戸部功
（編集＝耕書堂）

目次

プロローグ

茜色の空に夕日が沈もうとしていた。落暉《らっき》は先を急ぐかのように木立の奥に見え隠れする。頰にピリッと冷たい空気を感じながら、私は「キーン家の墓」の前で手を合わせていた。心のなかで話しかける。

「キーン先生、先生に導かれて今日はここまで参りました。ご報告とお礼を申し上げたかったのです。妹と私はこのたび〈ドナルド・キーン特別賞〉をいただきました。先生の名を冠した賞をいただけるなんて夢のようです。このようなご縁をいただけるとは、なんて幸せなことでしょう」

私は耳を澄ませた。キーン先生の声が聞こえないかしら。なにか言葉が降りてこないかしら。

私は携えてきた花を花立てに差した。百合や薔薇やかすみ草などが墓を彩る。立派な墓石にはご自身で書かれた文字が刻まれていた。キーンの「キ」の縦線の傾き加減に特徴があって、それは以前いただいたサインと同じだ。その下には丸い円の中に黄色の犬がちょこんと座ったアイコンが描かれている。黄色い犬。黄犬、キイヌ、つまりキーン。さらに墓石の水鉢には象の家紋も彫り込まれている。ご子息の誠己氏の名跡「淺造」の「造」に因んだ「象」である。インド風の象の鋭いアーモンド型の両眼、その眉間には「鬼怒」の文字を戴いている。鬼怒、これもまたキーンの漢字表記である。夕日を浴び、黄金色に光る犬と象に守られ花を添えられたお墓は明るい気をまとっている。

私は再び話しかけた。

「キーン先生、ここまで長く遠い道のりでしたか、どんなふうに振り返られていますか」

お墓を包み込むように佇む桜の木から、風もないのにはらはらと紅葉が散ってきた。屈んで赤やオレンジのグラデーションの美しい二、三枚を拾って、はっとした。その下に黄犬の足跡が隠れていたのだ。三つの足跡が。肉球の指球の部分は黄色。可愛らしい黄犬はここまで駆けてきて墓に飛び乗り、墓石のなかに収まったのだ。人を楽しませることのお好きだったキーン先生は、ここでも黄犬になって驚く人々を悪戯っぽそうな笑みを浮かべて見ておられるのに違いない。

と同時に、小犬の足跡はもうひとつのことを教えてくれている気がした。「自分の人生は長い旅だったのですよ」と。「遠く長い漂泊の旅だったのですよ」と。

ニューヨークで生まれ、太平洋という大海原を渡り、日本に移り住み、ここ無量寺で眠ることになる約一世紀の漂泊。世界中を経巡りながら日本文学ひと筋に歩んだ日々。私はふとこう呟いた。

「日々旅にして、旅を栖《すみか》とす」

お馴染みの松尾芭蕉の『おくのほそ道』の冒頭の一節である。

「月日は百代の過客にして、行かふ年も又旅人也。舟の上に生涯をうかべ、馬の口とらえて老をむかふる物は、日々旅にして、旅を栖とす」

ドナルド・キーンと芭蕉が重なった。キーンもまた旅人であったのだ。芭蕉そして俳句。ひと筋の光が見えた。

キーン先生との出会い

キーン氏とは一度だけお目にかかったことがある。妹とアーサー・ウェイリー英訳の『源氏物語　*The Tale of Genji*』を現代日本語に「戻し訳」する、というプロジェクトに取り組み始めた二〇一六（平成二十八）年冬、十二月のこと。

アーサー・ウェイリー訳『源氏物語』を日本語に戻し訳すると決めて以来、私たちにはひとつの夢があった。それはキーン氏にお会いすること。お会いして私たちの想いを伝えたい、ということだった。この源氏物語こそ、キーン氏が日本文学に目覚める契機となった作品だからである。私たちもまたこの作品に魅せられた。作品への愛と私たちの計画をなんとかお伝えできたら——。でも先生は雲の上のひと。私たちにはなんの伝手もなく、お会いするどころか、お手紙を書くことさえできなかった。

そこへ思いがけないチャンスが訪れたのである。俳人の黒田杏子氏が始めた俳句の超結社の会「件の会」の次回のゲストが、なんとキーン氏と子息の誠己氏という案内が届いたのだ。これは天の恵みに違いない。天からいただいた千載一遇の機会。何をおいても参加して、ひと言でいいから源氏翻訳のプロジェクトについてお伝えできたら。雲の上から降りてきてくださるキーン氏に。

私たちは心を弾ませて、会場の山の上ホテルに出かけた。すでに会場は満員、熱気に包まれていた。司会の黒田杏子氏をはじめ、「件の会」の俳人方、榎本好宏、櫂未知子、西村和子、橋本榮治、細谷喨々、山下知津子、横澤放川の各氏に加え、俳句界長老の金子兜太氏や作家澤地久枝氏など錚錚たる顔ぶれ。キーン氏の愛弟子のジャニーン・バイチマン氏とも再会した。受付には人々が並び、コートや荷物が行き交いごった返している。挨拶を交わしたり再会を喜んだり、さんざめきが華やかである。

プログラムのハイライトは、浄瑠璃三味線奏者の誠己氏が「越後國柏崎弘知法印御伝記」を弾き語りすることだった。この古浄瑠璃本は日本では失われたものであった。それを一九六二（昭和三十七）年、当時キーン氏の推挙によりケンブリッジ大学で教鞭をとっていた早稲田大学名誉教授鳥越文蔵氏が、大英博物館で発見したのである。調べた結果、ドイツ人医師ケンペルが、鎖国中の元禄時代、長崎の出島から禁を犯して海外に持ち出したものであるとわかった。

およそ三百年の年月を経て日の目を見た一冊であったが、口伝のため、語りや曲は失われたまま。しかし復活上演したいというキーン氏の熱い思いに応えて、誠己氏がほかの浄瑠璃などを参考にして曲をつけ、甦らせたのであった。粗削りだが、庶民の心情が表された魅力ある作品。物語の舞台である柏崎市では、佐渡島に伝わる浄瑠璃「文弥人形」の人形遣いの人々との三時間半に及ぶ公演で、大成功を収めたのである。

主人公は弘知法印という僧。若いころの放蕩三昧が過ぎ、妻は殺され、息子たちとも生き別れてしまう。ようやく悔い改めた法印は、出家し精進に励む。その功あってついに息子たちと再会。墓から現れた妻が成仏すると、法印もまた即身仏になるという説教浄瑠璃である。長岡市寺泊の西生寺に日本最古の即身仏として安置されている弘知法印がモデルとされ、六百年以上を経た今も信心されている。

東京やロンドンでも行われた復活公演は、いずれも大好評であったという。その日の「件の会」会場にも鳥越氏、キーン氏が揃い、誠己氏の弾き語りに期待が高まっていた。

先ほどまでの喧噪はすっかり消え、百五十人ほどの聴衆は、しん、と静まりかえった。誠己氏が舞台に登場し、素朴で力強い三味線が鳴り始め、その朗々たる声が響く。私たちは息を呑んで聴き入った。最前列中央の、あれはキーン氏の後姿に違いない。誰よりも聴き惚れているのがその身じろぎひとつしない様からも窺える。キーン氏は誠己氏が「音楽」を演奏するのがなによりも好きなのだ。

物語はいよいよ佳境に。三味線が哭き、声が高まった……再びしん、と静まりかえる。終わったのだ。体を硬くして息を凝らしていた私たちは、われに返った。誠己氏が深々と頭を下げている。拍手の波が沸き起こった。

休憩に入ると、興奮冷めやらぬまま人々は誠己氏を取り囲んだ。と同時にまたキーン氏の前にも長蛇の列ができる。私たちには、今日はキーン氏にご挨拶するというミッションがあるのだ。千ページ以上もある分厚い洋書の『ザ・テイル・オブ・ゲンジ』を胸に抱え直した。これをお見せしよう。もしかしたら、これをきっかけにお話ができるかもしれない。皆ひと言ふた言、言葉を交わしては記念撮影している。列が進み、いよいよ私たちの番が近づいてくる。胸が高鳴る。

「なんてお話しする?」「緊張するわね」「わたしたち、アーサー・ウェイリーの『源氏物語』を日本語に翻訳するんです、っていうことよね?」。妹と列に並びながらあれこれ相談する……。

ところがいざキーン先生の前に立ったら、用意していた言葉は吹き飛んでしまった……が、何も案ずることはなかった。私たちには源氏物語があったのだから。ウェイリー源氏に目を留められた先生はぱっと目を輝かせると、英語で熱く語り出されたのだ。私たちのあいだには『源氏物語』、それも氏の運命を変えたアーサー・ウェイリーの源氏物語があったのだ。後々誠己氏と話す機会があり、「父はウェイリーと源氏物語のことになると、話が止まらないんですよ」と話されていたが、この時もまさにその通り。

「ウェイリー源氏のどの場面が一番お好きですか」と伺うと、

「野宮の別れ」とのこと。

第十帖の光源氏と六条御息所の別れのシーンである。

「そう、あそこは素晴しいですよね！」と私たちも強く相槌を打つ。ウェイリーの英語が殊のほか美しく、秋の景色と心理描写が響き合う名場面である……。

「文部科学省がいけない！　文部科学省が『源氏物語』も古典もダメにしてしまった」と憤慨する。拳を振り上げて。

「そうです！」と私たちも心から賛成した。これほど純粋できりりとした先生に内心驚きながら。

「実は私たち、この作品を日本語に戻し訳しているのです」

勇気を出してようやく切り出す。私たちの後にはまだ長い列ができているのだから、気持ちが焦る。氏は驚き、そして励ましの言葉を口にしてくださった。温かく真摯な表情を今も思い出す。なんと嬉しかったことだろう。私たちのこの無謀ともいえる計画は、まだ公にはなっていなかったのである。世界の片隅で二人だけで始め、何社にも断られ、ようやく小さな版元が出版を引き受けてくれたところだった。まだ大海原に漕ぎ出したばかり。苦しい荒波をゆくなかで、先生の言葉がどれほど追い風となったかわからない。感謝の気持ちで胸がいっぱいになる、と同時に氏に対しても恥ずかしくない仕事をしなければ、と改めて心に期したのであった。

キーン氏にお会いしてちょうど一年後、『源氏物語　A・ウェイリー版』一巻は上梓された。イギリス人のウェイリーは独学で日本語を学び、千年前に紫式部が著した『源氏物語』に魅せられ、百年前に英語に全訳したのである。この書は当時の文壇に旋風を巻き起こした。世界の十大小説に比肩すると賞讃され、ヨーロッパ中に広まったのである。この作品を百年後の日本に甦らせようという私たちの文学上の大冒険。ヨーロッパの言語文化を潜った名訳を、時空を超えて現代に甦らせたい。それが私たちの願いだった。

その第一巻。献本がもうキーン先生の手元に届くころ……。帯に「ドナルド・キーンの運命を変えた世紀の一冊」と印刷したことをどう思われるだろうか。クリムトの「抱擁」の表紙はお気に召すかしら……。不安の種は尽きなかった。

担当編集者からメールが来た。息子の誠己氏からお礼のメールが届いたというのだ。なんとキーン氏が笑顔で私たちの『源氏物語　A・ウェイリー版』を手にしておられる写真が添付されていた！　なんと嬉しいことか。お会いした時と同様、心配など要らなかったのだ。先生とはこのウェイリー源氏で固く結ばれていたのだから。

「非常におもしろいです。姉妹の立派な仕事です」、そのようにおっしゃっていたと人伝てに聞いた。四巻が完結したら、またお目にかかれるかもしれないわね、二人でそう話し、私たちはまた日課にしていた一日十時間の仕事に戻った。完結を見届けていただこうと勇んで。

けれどそれは叶わなかった。二〇一九年二月に先生は亡くなられたからだ。第四巻が出たのはそれから五か月後のこと。「間に合わなかったね……」、私たちは落胆し涙した。でもお褒めの言葉をいただいた。それだけでも充分報われた、と自分たちを慰めたのだった。

そこへ「ドナルド・キーン特別賞」の受賞の知らせがあったのである。堀切実、黒田杏子、長谷川櫂各氏の選考であった。世に送り出せただけではなく、先生のお名前を冠した賞までいただけたとは。ただただありがたく、どんな無名の者の非力な仕事であっても、どこかで見てくれている人がいるのだ、と嬉しさを噛み締め姉妹で喜んだのだった。

キーンと俳句

この物語はしかし、ここでは終わらなかった。

ドナルド・キーン賞選考委員の一人である黒田杏子氏が、お祝いの言葉に続けてこうおっしゃったのだ。

「あなたは俳人なのだから『ドナルド・キーンと俳句』というテーマで文章を書いてみたら。せっかくキーンさんの賞を受賞したのだから。とってもいいテーマだと思いますよ」と。反射的に「はい、書いてみます」と答えたものの、恥ずかしながらその時点で私の抽出は空っぽに等しかった。ドナルド・キーンと俳句……。ドナルド・キーンと源氏物語なら、一応はわかる。でも俳句は？

それでも私はどこか楽観していた。あれだけの日本文学者だもの。きっと何らかの形で俳句と関わりがあるだろう。少し読めば見えてくるだろう。

「少し読めば――」。高を括っていた私は調べ始めて呆然とした。著作集全十五巻。『日本文学の歴史』全十八巻。その他にも評伝やエッセイや対談や……。いくらでも著書があった。なんとまあ膨大な著作群であろうか。もちろんそのうちの何冊かは購入もし読んでもいた。テレビやラジオで講演などがあれば喜んで聞き、そのたびに先生のユーモアに笑わされながら、感銘を受けていた。自分では充分ドナルド・キーンのファンだと信じていたのだ。

私は自分の愚かさに打ちのめされた。どこから手をつけたらよいのだろう。何からどう読めばいいのだろう。迷いつつ本を手にとっては読み散らすばかりであった。

一枚のハガキ

そんなころ。ある日一枚の葉書が届いた。ご子息の誠己氏からのお祝いのポストカードであった。「お二人のご受賞を天国の父もきっと喜んでいると思います」というありがたい言葉が胸にしみる。表に返すと百合の花が描かれていた。青々と力強い線の緑の葉に純白の百合が四輪、互いに横を向きながら咲いている。細長く清楚な姿は鉄砲百合だろうか……。（後に姥百合と判明した）

その左側には賛が書かれていた。

行く夏や別れを惜む百合の昼　ドナルド・キーン

これはまさか、キーン先生の句なのだろうか？　キャプションには「ドナルド・キーン作・梅田純一画・宍喰町杭之瀬独学舎にて」とあった。なんと氏は俳句を詠んでおられたのである。なにかが閃いた。キーン氏は「自分は日本文学の伝道者」であると常々発言していた。だがそれは単なる日本文学の解説者にとどまらなかったのだ。俳句の実作ということは、文学を傍観する者ではなく、その流れに自分も身を投じていたということではないか。それも「俳句」だったのだ。詩でも和歌でもない、俳句だったのである。「行く夏や別れを惜む百合の昼」。私はこの句を繰り返し、その力強い絵と三行に分かち書きされた文字を心に焼き付けた。

これで書けるかもしれない。いや、きっと書ける。『源氏物語』の時に背中を押してくださったように、先生が再び現れて俳句への道を開いてくださった気がした。私はおずおずと一歩を踏み出した。思えばそれは芭蕉の『おくのほそ道』への一歩に似ていた。キーン訳の『おくのほそ道』は *The Narrow Road to Oku* つまり「おくへの細い道」となっている。芭蕉が俳句の奥義を求めて狭く苦しい道を歩んだ、という意がこめられているように思う。私もまた人生の一ページをキーン先生と芭蕉に導かれて歩むこととなったのだった。氏がどのように俳句と出会い、理解し広めていくこととなったのか。アメリカから日本へ、日本文学の道へ、遂には俳句の実作にまで。その細道はどこでどう繫がっていくのか私にはまだ何も見えなかった。未踏の地が広がるばかりであった。

第一章　日本文学研究者への道

㈠　日本との出会い

生涯を「日本文学の伝道師」として捧げたドナルド・キーン。その約一世紀、九十六年にわたる歩みは、あまりにも広く深い。『著作集』全十五巻、『日本文学の歴史』全十八巻をはじめ、英語日本語による何百冊もの著作、太宰治、三島由紀夫をはじめとする日本文学の翻訳書。関連著書を含めると、その数なんと三千冊を超えるという。

キーンが「ハイク」という言葉に出会ったのは十歳のころという。クリスマス・プレゼントにもらった子ども向けの百科事典。その別巻三冊のうちの一冊が日本であった。太鼓橋の挿絵があり、「日本人が俳句と呼ばれるたいへん短い詩を書くということ」などを知った、と『自叙伝　決定版』に記している。加賀千代女「朝顔につるべ取られてもらひ水」など二、三句が添えられていたそうである。これが日本文学との初対面であったのだ。日本という国があることと、そこに俳句があることをはじめて認識し、日本へのささやかな一歩が踏み出されたのである。

アーサー・ウェイリー訳『源氏物語』

日本文学との本格的出会いは、ニューヨークの書店でワゴンセールになっていた『ザ・テイル・オブ・ゲンジ』。二冊で四十九セントと安価だったから、と買い求めたことに始まる。アーサー・ウェイリーによる初の英語全訳である『源氏物語』は名訳の誉れ高く、出版後たちまちベストセラーとなり版を重ね、イギリスのみならずアメリカ、また重訳されたヨーロッパでも広く読まれ、日本というアジアの小国が、一級の文化・文学を有するということを世界に知らしめた書であった。

キーン青年もこの作品に魅せられた一人。十一世紀の日本人女性レディ・ムラサキの著したこの物語に夢中になり読みふけったという。一九四〇年秋、ナチスドイツがパリを占領しイギリスを空襲、世界各地に軍靴が迫りくる時代。キーンは百科事典の「W」のページを開くことさえ忌まわしかったと書いている。WAR（戦争）の項目が目に入るからであった。氏の父親はかつて第一次世界大戦に従軍、戦争を嫌悪した平和主義者であり、息子のドナルドもそうであったのだ。

『源氏物語』には戦争どころか暴力の描写は一切ない。美だけが価値基準の世界。主人公の光源氏は次々と恋に落ち、愛の遍歴を重ねる。だが誰のことも忘れない。ヨーロッパの叙事詩の主人公とは違い、政争以外の人生の深い悲しみを知っていた。なんという美しさと哀しみに満ちていることか。この物語はキーン青年の心をつかみ、一生を決め、日本へ、日本文学の研究者へと導いていくことになる。だがその道のりは遠かった。歴史の荒波が行く手を阻んだのである。日本に近づきたいと思えどもアメリカにとり、日本は敵国であった。いかに源氏物語の世界に心惹かれ、希求しようとも、厳然と立ちはだかる敵国だったのである。キーンが憧れの日本にどのように到達したのか、日本文学研究の道を志し、豊饒の海のごとき金字塔を打ち立てていったのか、それは歴史の波に揉まれた稀有な人生の物語でもある。

海軍日本語学校へ

日本に一歩近づいたのは、カリフォルニアで日本語を学ぶことからであった。

一九四一年十二月、日本軍の真珠湾攻撃により太平洋戦争日米開戦。翌一九四二年、キーンは海軍の日本語志望者の募集を知り応募する。当時アメリカ海軍では（日系人を除いて）日本語を理解するものが五十人ほどともいわれ、早急に人員を求めていた。とはいえ氏の選択には戦争は無関係。ただ憧れの日本に近づきたいため、その言葉を学びたいがための海軍であった。

母は泣いたが、十九歳のキーン青年は前途に胸を躍らせていた。そしてバークレー校での日本語の猛特訓が始まる。開戦前にコロンビア大学ですでに日本語を学び始め、漢字が得意だったキーンは上級クラスに選抜され、一日四時間の集中授業、予習復習にも四、五時間、日曜日以外は日本語の習得に邁進した。

本来十六か月のコースは、切迫した戦況のため十一か月で修了。卒業式で最優秀生として日本語で三十分の告別の辞を述べた。ほとんど理解できなかった異国語を驚くほど短期間でマスターしたのだ。キーンがいかに優秀で熱意に燃えていたかが窺える。と同時に、氏はその後繰り返し述べているが、自分には日本語が合っているという不思議な自信があったそうである。日本語のほかにフランス語、スペイン語、中国語、朝鮮語などを学んだキーンだが、自分には日本語しかない、と思い定めたのであった。

日本人兵士の日記との出会い

海軍日本語学校卒業後、初めて軍服に袖を通したキーンの最初の赴任地はハワイ、真珠湾の海軍情報局であった。いよいよ日本語の実践である。仕事は日本軍関係の書類の翻訳。意気軒高で始めたものの、退屈なものばかり。健康調査書、備品目録、名簿等々、戦況とはおよそ無関係に思える単調な翻訳が続いた。意気は沮喪。

しかしある日のこと。資料室に入っていくと「異臭のする小さな本がいっぱい詰まっている箱」を見つける。その異臭は、手帳に付着して乾いた血が発するものであった。「自叙伝」から引用しよう。

もちろん私は、そうした本に手を触れることすら避けたい気持ちだった。しかしいつもの無味乾燥な資料にはうんざりしていたので、なんでもいいから変わった材料がほしかった。だから私は、なるべく血痕の目立たない手帳を一冊、慎重に選んで、それを読み始めた。日記は当然すべて手書きだったので、活字や謄写版刷りの資料より、はるかに読みにくかった。なるほど私たちは、語学校で、ある程度は草書体の字などを読む訓練は受けていた。ところが今、私が手に取って見ているのは、書道の達人による崩し字ではなく、おそらくどこかジャングルのタコツボ（掩体壕）、ないしは孤絶した塹壕の中で、目前にあるのは死のみという状況で兵士がなぐり書きしたものだった。それゆえ判読は難しかったが、それでも私は執念でやりとおした。そしていつの間にか、押収された日記を読む仕事は、私のいわば特殊技能となってしまった。（「自叙伝　決定版」『ドナルド・キーン著作集　第十巻』）

これは、激戦地ガダルカナル島で戦死した日本人兵士の遺体から回収された、「日記」だったのである（後にキーンは、日本兵士の日記解読の功により、アメリカ海軍から勲章を授与されている）。当時アメリカ軍の兵士は、日記を禁じられていた。万が一それが敵の手に渡った場合、戦略的な情報が漏れる危険があったからである。その一方、日本兵は新年ごとに日記を支給され、毎日の記録が務めとされていた。上官の検閲のため、彼らの文章は日本駐留中は愛国的な常套句で埋められているが、一旦戦地に向かうと文調は一変、兵士の肉声になる。乗船している隣の船が敵の潜水艦に沈められたこと、南太平洋の島でマラリアにかかったこと、飢えに苦しんでいること……。追い詰められた兵士たちの切迫した文面が続く。

日本軍が初めて大敗を喫したガダルカナル島は、一九四二年から六か月間、凄惨な戦いの続いた戦場。日本兵は島を「ガダルカナル」から「餓島《がとう》」とも呼び、飢餓やマラリアとも戦っていた。「そのような苦難と闘っている男たちが書いた日記を読んでいて、なんらかの感動を受けないわけにはいかなかった」とキーンは述懐する。内容も対照的であった。アメリカ軍兵士の手紙には何の理想も苦しみもなく、「ただただ元の生活に戻りたい」と書かれているのを見て驚く。彼らの大部分は帰郷以外には関心がない。一方の日本兵たちの大義のための滅私奉公。この対照は戦争中ずっと氏の心を離れなかった。日本の軍国主義には反対であったが、そういった日本兵には「賛嘆を禁じ得」ず、彼らこそ勝利に値するのではと思いさえしたのであった。

この「日記」との出会い。これは氏の心に深く刻まれ、後に日本文学研究の枢要なテーマとなる。そして大著『百代の過客――日記にみる日本人』として結実する。日本人は世界でも珍しく日記を書く人たちであり、さらに文学者たちはそれを昇華させた、日本文学の系譜に「日記文学」あり、とした著書である。これは俳句を論ずる上でも重要なテーマとなっている。芭蕉と正岡子規もまたその日記の書き手、とキーンは位置づけたのである。

(二)『おくのほそ道』を歩く

『おくのほそ道』を読む

第二次世界大戦が終わると、コロンビア大学に復学、生涯の師となる角田柳作《つのだりゅうさく》のもとで、日本文学の研究を再開する。題材は平安期の文学から、仏教文学、元禄文学、そして『おくのほそ道』へ。

戦前・戦中と鍛えた日本語ではあったが、『おくのほそ道』はさすがに難解で、はじめは歯が立たなかったという。だがやがてその魅力に取り付かれていく。芭蕉個人の単なる旅の印象記ではなく、幾層もの意味やそれ以前の文学が含まれていることを知ったのである。芭蕉の旅路は杜甫や西行の旅につながり、旅枕を巡っている。その重層性を読み解く知的スリリングさをもっていた。

キーンは『おくのほそ道』の文章と同時に、俳句そのものにも目覚める。たった十七文字の中にあれほどの内容があるとは、と芭蕉とその芸術に感激したという。二、三年後にはすでに英訳を試み、数年後に著した『日本文学アンソロジー』ではその一部を採用している。

一九五三(昭和二十八)年、三十一歳で京都へ留学。憧れの日本に、それも京都に住むという積年の夢が、世界大戦を経てついに実現したのである。テーマは芭蕉であった。下宿先のおかみさんに「新聞は何を取られますか」と尋ねられ、自分は古典、中でも芭蕉の研究に打ち込むのだから、現代日本の時事には興味がないと初めは購読を断ったという。それほど芭蕉はキーンの心の中に住まっていたのであった。

「紅毛おくのほそ道」

一九五五年には雑誌『中央公論』に「紅毛奥の細道」を発表。（『ドナルド・キーン著作集』収録にあたり、「紅毛おくのほそ道」と改題。以下本書ではその表記に従った。）キーンは実際に芭蕉の歩んだ道を辿ったのであった。序文は次のようなものである。

　ことし昭和みそとせにや、奥羽長途《あううちやうど》の行脚《あんぎや》、只かりそめに思ひたちて、耳にふれていまだめに見ぬさかひ、若し生て帰らばと、定めなき頼の末をかけ、上野駅を出立侍《いでたちはべ》りけり。中央公論、旅の文を求めたれば、墨、筆、原稿用紙のたぐひ、路次《ろし》の煩《わづらひ》となれるこそわりなけれ。
（「紅毛おくのほそ道」『ドナルド・キーン著作集　第八巻』）

俳味のある序文で始まるこの紀行文は、芭蕉の足跡を辿りたいという青年の熱い志に溢れたものである。道路や宿の事情で全行程を歩くのは諦め、バスや鉄道を利用したが、すばらしい体験となる。それは氏が引いた、芭蕉の言葉からも窺える。「古人の跡をもとめず、古人の求めたる所をもとめよ」。つまり、「単に昔の人の足跡をなぞるのではなく、彼らが何を求めてそこへ行き、歌や句を詠んだのかを念頭に置いて行きなさい」。門人の森川許六が、江戸から国に帰るときに芭蕉が贈った言葉である。キーンもまた芭蕉の言葉どおりに「おくのほそ道」を辿ったのであった。

終戦から十年。復興途上にあった約七十年前の日本で、若き「キーン博士」が芭蕉を求める気持ちの大きさ、厳粛さに感動する。と同時に、「紅毛おくのほそ道」は、ある種の俳諧味ある俳文となっている。今回私も東北の地図と芭蕉の旅地図を並べて、キーンの足跡を一か所ずつ辿ってみることにした。

〈日光〉

旅は日光に始まる。

この地には、戦争直後の一九四五年十二月に立ち寄ったことがあった。まだ海軍将校であったころ、仲間と共にジープを走らせ、東照宮を見物したのである。着いたのは夜、寒風吹きすさび、雪も降りだした。翌朝の東照宮はひっそりと人影もない。キーンはその静寂の中の絢爛たる美に打たれる。それから十年後の一九五五年。宮は変貌していた。「今度は一種のいやみに圧倒されて、全然その良さが認められなかった」。修学旅行生や団体客、ガイドのかしましい声で騒々しかったのである。

審美眼にかなったのは東照宮の隣の二荒山《ふたらさん》神社であった。杉の森に囲まれた朱塗りの宮、遠くから聞こえる雅楽の音、神前で柏手を打つ音、そして再び静まり返る。これこそ「あらたうと青葉若葉の日の光」の場面であると氏は思う。ただしその日は小雨であった。曽良が日記に実はその日は雨だったと記したとおりに。芭蕉が雨の日光を光に描き直したように、キーンも雨に光を感じたのである。

〈白河の関〉

以前から「白河の関」について氏は様々に思いを巡らしていた。楼門のようなものであろうか。どのような趣のある場所であろうか。

「名前は?」夜、関につくと関守が眠そうに二階の窓から頭をだす。「清少納言でございます」。犬が吠えるようなところを通って白河の関址《あと》に近づくと、「羅生門」の映画に出たようなぼろぼろになった門か、少なくとも細い道に残る礎石を見ることを楽しみにしていた。

(「紅毛おくのほそ道」)

ところが昔を偲べるようなものは何もなかったのである。わびしい村で何の面白みもなく、冷たい雨が道路に溜まっているだけ。泥道を辿って駅前に着く。料理屋に入るとメニューは例によって中華そば、カレーライス、オムレツしかない。日本の料理屋はどこも同じメニューなのに不満を漏らす。しかしここから遂にみちのくの旅路が始まるのである。白河の関を越えるに際し、次の句を詠む。

奥の旅の初《はじめ》や花のぬかる道

「紅毛芭蕉」を好んで名乗ったキーンの記念すべき旅の第一句である。

〈塩竈から多賀城〉

仙台から宮城野へ、榴ヶ岡には米軍キャンプが目についた。夕方ようやく塩竈に到着すると、桜が満開であった。

翌日は「朝日あけの玉がきをかゝやかす」日ではなかったが、神社は広く美しかった。見たかったのは、芭蕉が「五百年来の俤。今目の前にうかびて、そゞろに珍し」と記した宝燈である。「文治三年和泉《いづみの》三郎寄進」とあるその宝燈を見つけた氏は、芭蕉もまたこれを目にしたのだと感激する。宝燈云々がではなく、芭蕉の俤を感じたからであった。

塩竈から多賀城へ行き壺《つぼ》の碑《いしぶみ》を見たキーンは、ここで一生を決める啓示を受けた。これもまた、壺の碑が苔むしているからとか豪奢であったからではない。この場所での『おくのほそ道』の一文を思い出したからである。

むかしよりよみ置ける歌枕、おほく語り伝ふといへども、山崩れ川流れて道あらたまり、石は埋もれて土にかくれ。木は老いて若木にかはれば、時移り、代変じて、其の跡たしかならぬ事のみを、爰《ここ》に至りて疑ひなき千歳の記念、今眼前に古人の心を閲す。行脚の一徳、存命の悦び、羈旅の労をわすれて、泪も落つるばかり也。（芭蕉『英文収録　おくのほそ道』）

芭蕉が歌枕にある碑に感動したように、キーンもこの瞬間、世に残るものを発見したのである。芭蕉は平泉でも杜甫の「国破れて山河あり、城春にして草青みたり」を引用するが、国や山、川が滅びてのちも残るもの、それは「言葉」。「人間の作った詩歌こそが遺る」と確信したのである。芭蕉のみならずテオフィル・ゴーティエの詩句も過る。

万事は過ぎ行く——強壮な美術のみが
永遠性をもつ
　胸像は
都市よりも生き延びる　（キーン訳）

Tout passe. —L'art robuste
Seul a l'éternité.
　Le buste
Survit à la cité.

キーン訳では「美術」とされているが、ここで得た啓示は、芸術の中でも文字として残されたもの、文学である。「おくのほそ道」でこの「壺の碑」こそが、氏の生涯を支える礎となったことを特筆しておきたい。

〈松島から石巻、一関〉

松島は決して美しいところではない。散々そう聞かされて着いてみれば、確かにそれほどではない。しかし「窓をひらき二階を作て、風雲の中に旅寝するこそ、あやしきまで、妙《たへ》なる心地はせらるれ」という芭蕉の追体験はできた。夕焼けの松島はすばらしい眺めだったのだ。

松島から雄島へ。島の美しさにも蠱惑される。瑞巌寺の荘厳な美にも感銘を受ける。

しかし、ただ美しさに感動するだけではない。洞察力も発揮する。石巻について、芭蕉が「路《みち》ふみたがへて、石の巻といふ湊《みなと》にいづ」と記したのは文学上の虚構だ、というのである。曽良の日記を見れば、石巻には「ふみたがへて」来たのではなく、「宿かす人なし」どころか紹介された旅籠屋に泊まった、とわかるのだ。芭蕉はなぜ偽りを書いたのか。それは石巻の港は栄えすぎていて俳人には似つかわしくないと考え、「思ひがけず斯《かか》る所にも来《きた》れる」としたのでは、と推測する。

石巻から汽車で一関へ。明治の姿を残す気持ちの良い町だが、ここも冷たい小雨。キーンは沙漠にも雨を降らすほどの雨男を自認していたというが、それにしても。

「珈琲店」の看板に驚き、入ってみると、東京やニューヨークやロンドンにもありそうな小さいモダーンな店であった。若いインテリが集まってコーヒーとタバコをのみながら議論をたたかわすような店。鼠色の壁には桃色の椿が飾ってある。しかしこんな所にそんなインテリはいるのだろうか。「かゝる道の果、塵土の境《さかひ》まで、現代文化の及ぶこそ、吾国の風俗なれと、いと貴《たふと》けれ」と芭蕉の言葉を戯れに言い換えてみる。

「かかる道の果」と思われた石巻。その後の復興、発展、そして東日本大震災……。震災は奇しくも、キーンが日本国籍を取得する時期と重なったのであるが、かつて歩んだ「おくのほそ道」の被害に心を痛めるのは、五十六年も先のことである。

〈平泉〉

「紅毛おくのほそ道」のもう一つのハイライトは、平泉である。日本に来てからというもの、氏は広隆寺の弥勒菩薩、法隆寺の百済観音、薬師寺の薬師如来などの仏像に夢中になり、これこそ「絶対的な美」と感じるようになる。「だが、震えるほど美に打たれ、自我を忘れてこの世でない世界に入ったと感じたのは、中尊寺金色堂の内陣を見たときだけである」と熱く語る。「人間が創造した極楽の表現として世界に屈指のものであると思う」と。美しさだけではない。美を創造した人々の心にまで思いを馳せる。藤原家のみならず、庶民の信仰の対象でもあった金色堂であった。

私も中尊寺金色堂の美に打たれた一人であるが、当時修学旅行の中学生だった私は、まだ芭蕉の旅と自分を重ね合わすに至らなかった。キーンはしかもここで、自著『日本の文学』『日本文学アンソロジー』で説いた『去来抄』の一節を思い浮かべたのだ。

くろみて高き樫木《かしのき》の森　素牛

咲《さく》花に小《ちひさ》き門を出《いで》つ入《いり》つ　ばせを（芭蕉）

此《こ》の前句《まへく》出ける時、去来曰、「前句全体樫の森の事をいへり。その気色を失なはず、花を付候はん事むつかしかるべし」と、先師（芭蕉のこと）の付句《つけく》を乞ければ、かく付て見せたまひけり。

金色堂が「くろみて高き」森の中にあることには、私も感動した。その奥に金色に輝く小さな堂は、殊の外美しいものである。私が訪れたのは秋だったが、キーンは桜の季節。それまでは吉野の桜を見ても、「なるほど、桜が多い」と漠然と思っただけであり、桜にどうしても愛着を抱けなかったという。このみちのくの長く厳しい冬の後、黒い森の中で咲く桜に、初めて桜の良さを知ったのだった。同時に芭蕉の付句の見事さにも、改めて感銘を受けたという。

キーンがどうしても、と問われれば芭蕉の句のなかで最も好きだという一句、「夏草や兵共が夢の跡」の野原を眺めたのは、この後乗合馬車に揺られながら毛越寺《もうつうじ》を後にしたときのことであった。

〈立石寺（山寺）〉

芭蕉の取ったコースを逸れ、山寺から鳴子へ向かう。

作並温泉に泊まり、初めて温泉に入った。キーンが想像していた温泉は、「方々に湯の噴出するところであって、客たちはそれぞれの噴水泉の真中にヴィーナスの像のように立つ」というものだった。実見した温泉とのあまりの落差に、がっかりしたそうである。ヴィーナス像のように立って湯を浴びるとはそれこそ可笑しいが、文章にはユーモアがある。作並は細い谷に川が流れ、湯の川に入っているようで、気に入ったようである。この地に芭蕉は訪れていないが、代わりに正岡子規が二句を残している。

涼しさや行燈《あんどん》うつる夜の山
夏山を廊下つたひの温泉かな

芭蕉はえらいなと思った、と子規の句にはつれない。

この晩お酌をしてくれた芸者が、中国四大美女の西施から次第に『雪国』の駒子になってしまうくだりや、若いお坊さんの英語の拙かったくだりに困惑しなくもないが、キーン青年の好奇心のなせる技としておきたい。芭蕉の「閑さや岩にしみ入蟬の声」の蟬は、旧暦の五月二十七日の日付から考えるに「ニイニイゼミ」であろう、とのお坊さんの指摘は、おいおいキーンの「俳句と音」に結実したかもしれない。

古い山門を通って階段を登り出す。登れば登るほど両側に聳える岩の雄大さに氏は目を奪われる。

岩に巌を重ねて山とし、松柏年旧《ふ》り、土石老いて苔滑らかに、岩上の院〻扉を閉ぢて、物の音きこえず。岸をめぐり、岩を這ひて、仏閣を拝し、佳景寂寞として心すみ行くのみおぼゆ。（芭蕉『おくのほそ道』）

旅の友は、常に芭蕉なのである。

〈大石田、鳴子〉

山寺から芭蕉と共に大石田へ向かうキーン青年。非常に静かな町であった。西光寺の境内にある、「さみだれを集めて早し最上川」の句碑を眺めたが、句碑より最上川の激流と景色の美しさに心を奪われる。

鳴子では「尿前《しとまえ》の関址」も訪ねた。名物の素朴なこけしには、雪だるまを連想する。

〈象潟《きさかた》、羽黒山〉

旅も終盤である。象潟へ向う月山《がっさん》の凛々しい姿を見ると、氏の頭には、「雲の峯幾つ崩て月の山」の映像が浮かぶのだ。そして難しいと人が言う俳句の翻訳の一例を掲げる。

The peaks of clouds
Have crumbled into fragments——
The moonlit mountain.

この翻訳に手応えを感じていたようだ。確かに'moonlit mountain'と頭韻を踏んだ「月の山」はとても美しい。三行の分かち書き、「——」による切れ。芭蕉の名句の趣をあますところなく伝えている。

象潟には昔の面影がなく、蚶満寺《かんまんじ》の庭園に「芭蕉はバナナの実を結び南国風景を東北の象潟にて味わう事が出来ます」と掲示してあることに興を削がれる。

象潟や雨に西施がねぶの花

芭蕉の精神は句碑に残るばかりであった。

寺から海岸の方へ歩き出すと、水なき島々の景色に芭蕉の見た寂しさと悲しみが見出された。島の松を通して墓石がところどころに見え、悲しい印象が深まる。キーンは芭蕉の面影を求めて歩き続ける。

汽車で出羽の三山に向かい、そのひとつ羽黒山《はぐろさん》に登った。「木綿《ゆう》しめ」をかけ杖をついての石段二千四百四十六。その裏に道路を敷く計画があると神主から聞かされたときも、大いに落胆するのだった。現在は実際、道路が通り、バスでもタクシーでも行けるようになっている。「山の頂上にあるお宮の参詣に意味があるとすれば、それは階段を登ることにある。頂上まで観光バスに乗って行けば、まったくのナンセンスになってしまう」

九十歳を超えてなお健脚であったキーンの面目躍如であろう。

〈金沢、那谷寺《なたでら》〉

十時間汽車に揺られ到着した金沢。感心したのは兼六園よりも、芭蕉が泊まった門人亀田小春《しょうしゅん》の家だった。建築としても、芭蕉のよすがとしても残すべきだが……と存続を危ぶむ。芭蕉の亡くなった大阪の花屋でさえ、一九三三年（昭和八年）に壊され石碑となってしまったのだ。悲観すると同時にやむを得ない、と嘆息するしかない。

芭蕉の道筋に倣い、小松から那谷寺へ。

「奇石さま〴〵に、古松植ならべて、萱ぶきの小堂、岩の上に造りかけて、殊勝の土地也」。山寺の岩は自然の力に富むものである一方、那谷寺の岩は茶人の庭園を飾るような奇岩だ、とキーンは思う。那谷寺ではちょっとした発見があった。那谷寺の石が白かったのである。芭蕉がこの地で詠んだ次の名句。

石山の石より白し秋の風

はじめこの句は、滋賀県の石山寺で詠まれたと思っていたという。ところが石山寺に行ってみると、石は黒かったのだ。これでは「石山の炭より白し秋の風」とするべきではないか。しかしここ那谷寺の石は白い、とキーンを得心させたのであった。


〈京都〉

芭蕉の『おくのほそ道』は大垣で終わるが、キーンの旅は家のある京都まで延びる。帰り着くとなんとも言えない心地良さ。京都の新緑の美しさは目覚ましかった。氏は十六世紀のフランスの詩人ジョアシャン・デュ・ベレーの望郷詩の一節を思い出す。

幸いなるかな、ユリシーズのごとく良き旅をなした者は
Heureux qui, comme Ulysse, a fait un beau voyage

若きキーンは、しばしばフランス文学の詩句を思い出している。

「私の京都へ帰った」。

「紅毛おくのほそ道」はこう結ばれている。筆者としてはここで一句詠んでいただきたかったが、「私の京都」という言葉もまた感慨深い。「私の京都」は後々「私の日本」となり、それからまた長い長い旅路が待っていたのだから。

「月日は百代の過客にして、行かふ年も又旅人也」

「紅毛おくのほそ道」はこうしてまた頭に戻り、芭蕉を道連れに円環を描き続けたとはいえないだろうか。

素晴らしい体験だった、と後年に至るまで幾度も振り返っている。最晩年のエッセイ『ドナルド・キーンの東京下町日記』にも「山河もなくなることはあるが、永遠に残るのは『言葉』」と記しており、この旅で啓示を得たことが最大の実りであったことが窺われる。自分の作品への思いであると同時に、被災地への思いを風化させないよう、いつまでも言葉で伝え続けるべきだとのメッセージともなった。

(三)『日本の文学』

ここで留学時代よりさらに遡り、キーンの日本文学関連の著書を見たいと思う。

一九五二年、二十九歳の春、キーンは留学中のケンブリッジ大学で初めて日本の文学について講じた。広い教室での五回連続講義。ところが集まったのはわずか十人ほど。落胆のあまり日本文学研究からロシア語に転向すべきかと迷ったほどであったという。しかしながら本講義は後に、海外での日本文学研究の礎石となり、その発展に大きく貢献することとなる。

翌一九五三年、イギリスの出版社から上梓された講義録『日本の文学』には、「西欧の読者への序説　An Introduction for Western Readers」という副題が付けられ、やがて英語圏の読者はもちろん、各国語に重訳され版を重ねるロングセラーとなったのである。この本を日本語訳した吉田健一は当時、「万葉集から平安朝の文学、謡曲、連歌、江戸時代の文学を通って現代詩に至るまでの日本の文学というものをこれ程、生きた形で伝えたものは日本にもない」「名著」と記している。キーン自身も「この本は思い出が多いもの」という。まだ日本を訪れるあてもなく、本を取り寄せるのさえ容易ではなかったころ。「自分が関心を持っている国からあまりにも遠い所にいて」、それでも「最初に日本の文学に傾けた情熱」が深く刻まれている「はじまりの書」である、と。

序章では、日本文学の梗概が具体的に特徴を挙げて述べられる。日本の文学は美しく豊かな魅力に溢れているにもかかわらず、欧米では充分に知られていない。そもそも日本語を解する者が少ないうえ、中国文学の模倣にすぎないのではないかと思う者が多い、と説き起こされる。日本の詩については次のように解説される。日本語は母音が限られているために基本的に押韻しない。音節を五、七、五と数える形式を好んでいる。音数が少ないために同音異義語が多く、掛詞が多用される。ゆえに一つの言葉から多重の映像が結ばれる。「多くの影像を一つのものに圧縮する」ことができるのである。「詩人の精神のうちで言葉は絶えずこういう二組の影像の間を往復し（中略）互いに離れられるものではなくなっている二つの同心円を、言葉の上で描く」のだという。しかもこの映像は二重とは限らない。二重、三重と多重に広がり、それは複雑な解釈や思いを伝えうる。断言、断定のできない「暗示」を目指すのである。弦楽の三重奏、四重奏のように、一つの旋律が貫いているものの、それぞれの楽器が別々の旋律を奏でつつ、一つの世界を提示するのに似ている。日本の短い詩形式では、蛙が水に飛び込む音や蟬の甲高い鳴き声や、花の香りを中心に、現実の瞬間が捉えられ認識される。「一つの世界全体を一個の鮮明な映像で暗示する」のである。

この書はキーンの情熱と義憤と偏愛に満ちた特異な「日本文学入門」といってよいかもしれない。おそらく五回の講義という制約からだろう。当然含まれるべき『万葉集』『枕草子』『徒然草』『方丈記』などが割愛され、「きわめて個人的な評価を試み」、ただアウトラインを辿るのではなく、西欧の読者にぜひとも紹介したい、殊に愛する作品を掘り下げたものであった。たとえば、日本の詞華集の中でも随一の『万葉集』を外してでも「連歌と俳句」をどうしても入れたかった、と後年語っている。戦後、中国文学の模倣に過ぎぬとみなされていた日本文学が、いかに独自性をもち、美しく豊かであるかを訴えようとしたのであった。その若き血の流れた著作ゆえ、今も命脈を保っているのだ。

西欧の文学史において、はじめにギリシャ・ローマの詩歌が登場するごとく、この講義の幕開けも「日本の詩」である。その詩論には、後年の氏の研究の骨子がすでに現れている。中国詩や西欧詩と異なる韻律の問題、テーマ、短さ、暗示力。連歌とは何か、連歌から生まれた俳諧連歌、発句、俳諧、俳句。俳句の巨匠芭蕉について。俳句の西欧への影響。『おくのほそ道』についてなどである。キーンが指摘した重要なポイントをまとめてみよう。

押韻、韻律、短さ

日本語には音の強弱と長短がない。すべての音節が母音で終わり、子音の複合がないため、押韻に詩的効果が薄い。代わりに音節の数が重要視され、ここから三十一音節、十七音節というきわめて短い短歌と俳句の形式が生まれた。西欧の詩のような押韻も複雑な韻律もないのである。

テーマ

テーマの大部分は恋愛か自然を詠ったもので、「或る優しい哀愁」に満ちている。中国詩によく見られるような憤怒であるとか、政治的な権力闘争、あるいは宗教的情熱、倫理の問題などはまず描かれない。

暗示

短い詩であるため、一つ一つの言葉は欠くべからざるものであり、細部に至るまで完璧でなければならない。それゆえ和歌には掛詞が頻出する。同音異義語の多い日本語の特徴を生かし、一つの単語に多重的な意味が付される。俳句はさらに短いために読者によって完成されなければならない部分が大きい。作者は「一つの経験からどういう結論を得たかを言わず、その経験をどんな風に感じたかということさえも示さない」。例えば次の芭蕉の句、

雲の峯幾つ崩て月の山

The peaks of clouds
Have crumbled into fragments——
The moonlit mountain.

欧米の詩人であれば、この詩句の後に「何か個人的な考えを付け加えた筈」である。例えばD・H・ロレンスは「月が昇る」という詩で月を眺めてこう確信を得た、と付す。「美が死を越えるものであり／完全に光に満ちた経験は決して／消え去るものではない」と。日本の詩人たちはこういう所見を一切述べない。作品そのものに暗示力があるべきで、それがなければその詩は失敗なのである。「一つの世界全体を一個の鮮明な影像で暗示する」、これは「日本の絵では幾筆かで一つの世界全体を暗示するのが目的であるのと同じ」なのである。

連歌

俳句を論じた欧米人はほかにも幾人かすぐにも挙げられるだろうが、連歌に焦点をあて、これほど明快に論じた学者はドナルド・キーンが最初であろう。

十一世紀、十二世紀に、簡単な連歌の類が宮中で盛んに作られるようになる。二人の人間が和歌の上の句下の句をつける遊戯である。人数は二人から三人、三人以上へと展開し、短歌の三節、二節を繰り返すことで幾句でも続けていく共同作業となった。やがて複雑な規則をもつ「連歌」は複数の詩人の参加する、「欧米の詩にその意味で類例がない」詩形に至ったのである。キーンは次のように述べる。

我々は連歌を絵巻物に比較してもいいかも知れない。我々は絵巻物のどの部分を見ても、そこには美しい絵があり、ただその全体を考えるならば、川を舟で下りながら眺める沿岸の景色に認められる程度の統一しかそこにはなくて、優れた連歌から我々が受ける印象もそういう景色に似ている。

連歌の中でも傑作は宗祇、弟子の肖柏、宗長の三人による『水無瀬三吟百韻』。絵巻物のよう、とキーンが表現した美しい川辺の景色であるところの連歌を、次著で自ら英訳することになる。やがて世界に伝道されたこの連歌は、世界中の詩人に有形無形の波紋を投げかけていくことになるだろう。

連歌から生まれた俳諧連歌、発句、俳諧、俳句

十四世紀室町時代に隆盛した連歌から俳諧連歌が生まれ、さらにその発句が独立し俳諧、俳句が誕生する。複雑な約束事の多かった連歌から、新しくより自由な俳諧連歌へ、詠む者も宮中の人々から商人などのより広い階層の者へと移り、日本の詩はそれまで「枯れているのが特色」だったが「もっと潑剌としていて豪放なもの」「活気があって楽天的で、どこか下品」なものとなったのである。

江戸時代の十七世紀初め、長い内乱の世ののちに平和が訪れ、文化の基盤が確立し、文化が花開いたのである。そこへ芭蕉が政治と文化の中心地、江戸に登場する。

芭蕉とその教え

キーンはどのように芭蕉の俳句を翻訳し、解説したのだろうか。はじめに芭蕉は、弟子たちに二つの柱を説いた、とする。不易と流行である。いにしえの詩人たちの遺した伝統を踏まえる、という不易。しかしながら模倣や陳腐に陥らず、新しさを目指す、という流行。これを幾何学的に描出したのが次の「古池や」の句である、とキーンは言う。

古池や蛙飛こむ水のをと
The ancient pond——
A frog jumps in
The sound of water.（キーン訳）

一行目は時間を超越して動かない池の水。恒久的な、不易の要素である。次の行で蛙が飛びこむ瞬間。この二つが「水の音《をと》」という一点で交わっている。蛙の鳴き声は古来日本の詩に用いられてきたテーマである。だが、この蛙の跳躍とそれに伴って起きた水の音という瞬間、真実の瞬間は、この句の新しさ、流行を浮かび上がらせている。

さらに次の三句が芭蕉の様々な五感を自在に用いた句として挙げられる。

枯枝に烏のとまりたるや秋の暮
On the withered branch
A crow has alighted——
Nightfall in autumn.

この句は言うまでもなく視覚的な映像。氏の訳では敢えて一羽の烏として描かれている。次の句は聴覚である。

閑《しづか》さや岩にしみ入蟬の声
Such stillness——
The cries of the cicadas
Sink into the rocks.

海くれて鴨のこゑほのかに白し
The sea darkens,
The cries of the seagulls

Are faintly white.

「各感覚が驚くほど、近代的な形で混同」された共感覚の句だ。キーンはこう解説する。俳句は非常に短い詩形であるが、必ず二つの要素を含んでいなければならない。それら二つの要素は通常カッティング・ワード（切字）で分けられ、一つは一般的な状況、もう一つは瞬間的な認識である。俳句が感動的であるためには「電極に似たものが二つあって、その間で火花が散ることが要求されている」という。

俳句が取り合わせのものである、とは古くから言われる。取り合わせには一句一章、一物《いちもつ》仕立て、二句一章、配合などがあるが、氏の説明に最も近いのは山口誓子のいう「二物衝撃」かもしれない。二つの電極の間で「火花」が散らなければ句世界は広がらない、という表現が新鮮に感じられないだろうか。

西欧の詩人への影響

欧米で俳句の影響を受けた詩人として、イマジストのエズラ・パウンドおよびエイミー・ローウェルが挙げられている。次のエイミー・ローウェルの句、

A Lover

If I could catch the green lantern of the firefly
I could see to write you a letter.

恋人に
もし蛍の青い火が手に入れられるものならば、
その明りで貴方に手紙が書けるのに。

これは俳句のように短く、暗示に富んでいるかもしれないが、二つの電極で火花が散る俳句にはなっていない、とキーンは手厳しい。

俳句を契機として、詩の革新運動を起こしたエズラ・パウンドをはじめとするイマジストの詩人、そのほかの詩人たちについては、後述したい。

芭蕉の『おくのほそ道』

当初は俳句に注目しなかったキーンであったが、『おくのほそ道』によってその魅力に目覚める。俳文におり込まれる俳句には、文学的遺産が幾重にも重なり合い、多様なイメージが映し出されていたのである。

『日本の文学』の序章には『おくのほそ道』の冒頭部が一ページ分ほど訳出されている。

月日は百代の過客にして、行きかふ年も又旅人也。

The months and days are the travellers of eternity. The years that come and go are also voyagers.

舟の上に生涯をうかべ、馬の口とらへて老いをむかふる物は、日々旅にして、旅を栖とす。

Those who float away their lives on boats or who grow old leading horses are forever journeying, and their home is wherever their travels take them.

『おくのほそ道』は、全体の構成や骨格に頼らない日本文学の主軸である「日記」「紀行文（旅日記）」や「随筆」の鑑、として紹介されている。

「百代の過客」は travellers of eternity、「旅人」は voyagers、「日々旅にして」は forever journeying と訳されている。繰り返しを避ける英文の特徴を反映し、旅の同意語が次々と現れる。この一節だけでも日本語の「旅」や「旅人」にあたる単語は travellers, voyagers, journeying さらに roaming といった旅の縁語が頻出する。この一節を読めば、この主人公がどれほどの果てなき流浪の民の一人であったかが窺えるのである。

『おくのほそ道』のはじめに現れる句を、キーンは次のように翻訳した。

草の戸も住替る代ぞひなの家
Even a thatched hut
In this changing world may turn
Into a doll's house.

芭蕉の簡潔な表現。一読しただけでは意味が掴みがたい句である。芭蕉は住み慣れた藁葺《わらぶ》きの小屋を去っていくところ。「次の住人は芭蕉とは違い、家族を持った男であろう。そして、家の性格も新しい住人と共に替わる。三月三日のひな祭りには小さな人形が飾られるであろう」。キーンはこの句についての英訳の難解さを嘆いている。

そもそも題名の『おくのほそ道』をどう訳すのか。氏がはじめて英訳を試みたのは初学の一九四六年、四七年のころ。The Narrow Road of Oku としたが、最終的には of の代わりに to を採用し The Narrow Road to Oku とする。『おくのほそ道』ではなく『おくへのほそ道』となったのである。地理的な道のみならず「俳句の世界の深淵に入っていく」という意も汲み取った訳語であろう。

この作品をキーンは、「日本人の日記文学」の系譜に連なるものと解し、「構成についての配慮にあまり悩まされずに、自然の全く比類ない描写や、繊細な感情の表現」に力点が置かれ、

「或る程度の滑稽味と優しい哀愁が漂っていて、映像に彫像を積み重ねていって一つに溶け合せる」という美点を備えている、という。個人の語りとして記されるこれらの作品には激しい感情は避けられ、思い出に重きが置かれ、「甘美な追憶」が描かれる。そこには「優雅と軽み」が貫かれているのだ。

優雅さ、つまり「雅び」が強調されるのは、日本の文学が「本質的に貴族的なもの」という指摘には少々意表を突かれる。初めは宮廷人の手によるものであった文学が——例えば日本では天皇も恋の歌を詠む——次第に下層階級のものとなっていく一方で、初めは下層階級のものであった詩や劇の形式が、高級な貴族的なものを生み出す可能性を模索する人々によって完成されていく。この二つのベクトルにより日本文学は雅び、貴族的であることを失わない。芭蕉の恒久的に美しく、相反するようであるが新鮮でなければならないという、不易流行の教えの結実がこの『おくのほそ道』だというのである。

ドナルド・キーン『日本の文学』の英語版は、「綿密かつ魅力的な作品」「日本文学および文化の簡潔な歴史と理解への良き入門書」「この書の素晴らしさは長年定評」があると讃えられている。

三島由紀夫はこの書に寄せて次のように彼らしい劇的で艶やかな文章で賞賛を惜しまない。「キーン氏は深海に潜り、気圧の暴威に悩まされながら、ついに深海魚の幾匹かを漁《すなど》って、しかも地表へ出れば忽ち変色する筈のその鮮烈な色彩を、見事に保ってみせたのである。私はこんなに理想的な漁夫を、西洋人の間から得たことを少し残念に思う」

(四)『日本文学アンソロジー』

『日本の文学』の二年後、『日本文学アンソロジー *Anthology of Japanese Literature*』が出版される。世界に向けての日本文学選集として高く評価される重要な一書であるが、未邦訳のため日本人読者の目に留まることは少ないのではないだろうか。『サタデー・レヴュー』には次のように評された（以下、本書からの訳文はすべて拙訳）。

『日本文学アンソロジー』の多様さには目を見張る。しかしその厚みよりも見事なのは、読みやすさが重視されていること、啓発的かつ有益であること、表層的であれ深いレベルであれ読む価値があることである。（中略）東洋学の分野でこれほど忘れがたい足跡を残した人、西欧の読者に日本についてこれほど明晰な説明をした人を、私は知らない。（拙訳）

一九五三年、一九五五年と相次いで上梓された『日本の文学』『日本文学アンソロジー』を両輪とすることで、当時のキーンの日本文学研究の全体像が把握できるだろう。副題に「古代から十九世紀半ばまで」とあることからもわかるとおり、江戸期まではあるが、前作では骨組みに留まっていた文学史の全貌が――もちろんそれでも一端に過ぎないが――ようやく明らかになったのである。

ここでもキーンの選択眼と嗜好は存分に生かされている。『日本の文学』では収録されなかった作品『万葉集』に始まり、『海幸山幸』『懐風藻』、平安時代の空海『請来目録』『伊勢物語』『古今集』『土佐日記』『後撰和歌集』『梁塵秘抄』と続いていく。『土佐日記』のみならず『蜻蛉日記』『紫式部日記』『更級日記』など、日記文学が多く選出されているのは注目される。

この書が献呈されているアーサー・ウェイリーの英訳としては、『源氏物語』の「夕顔」帖と『虫めづる姫君』が収録されているのも目を引く。

連歌と俳句に焦点を絞って、少し丁寧に辿ってみたい。

室町時代の『水無瀬三吟百韻』

さて、連歌に価値を認めていたキーンは、室町時代の連歌の範として『水無瀬三吟百韻』（長享二〈一四八八〉年）を選び、そのうち五十句を訳出、解説している。宗祇《そうぎ》の発句と弟子の肖柏《しょうはく》、宗長《そうちょう》二人による脇句は次の通り。

雪ながら山もとかすむ夕かな　　宗祇

Snow yet remaining

The mountain slopes are misty—
An evening in spring.

行く水遠く梅にほふ里　肖柏
Far away the water flows
Past the plum-scented village.

川風に一むら柳春見えて　宗長
In the river breeze
The willow trees are clustered.
Spring is appearing.

一句ずつに綿密な注釈も添えられ、いかに式目、つまり連歌特有の規則に則っているかが記される。例えば発句は早春の「靄」となっており、後鳥羽上皇の「見渡せば山もと霞む水無瀬川夕べは秋となに思ひけむ」の本歌取りとなっていること。それはこの百吟が後鳥羽院の二百五十年忌に、院の水無瀬の廟に奉納されたからであること、などが明かされる。

連歌は「リンクト・ヴァース（繋げられた詩句）」と訳され、規則の細かさを守ったうえで、単なる遊戯に陥らぬようレベルを保つのは至難の技である、と強調される。五十句で英訳が途切れ、この百吟の先を読み通したくなる。連歌のリンクの巧みさを伝える章である。

江戸時代　松尾芭蕉、芭蕉以降の俳人たち

江戸時代からは芭蕉の⑴『おくのほそ道』⑵『幻住庵記』⑶弟子去来との対話『去来抄』、⑷芭蕉・蕉門の俳句、そして⑸江戸中・後期（蕪村、一茶など）が挙げられている。

《『おくのほそ道』》

『日本の文学』ですでに登場していたキーン生涯の書『おくのほそ道』の抄訳が、ふたたび収録される。

冒頭の「月日は百代の過客にして、行きかふ年も又旅人也」から「市振」の「一家に遊女もねたり萩と月」の句まで。掲句は次のように訳されている。

Under the same roof
Prostitutes too were sleeping—
The moon and clover.

キーン抄訳『おくのほそ道』の棹尾をなぜこの句で飾ったのであろうか。いくつも理由はあろうが、なにより西行と江口の妙という遊女の交わした歌、

世の中をいとふまでこそ難からめ仮の宿りを惜しむ君かな　西行
世をいとふ人とし聞けば雁の宿に心とむなと思ふばかりぞ　遊女妙

から、芭蕉の西行への傾倒を示したかったからではないだろうか。「この世を厭い、出家するのは難しいかもしれないが、あなたはかりそめの宿を貸すことまでも惜しむのか」と西行は遊女をなじる。「ご出家の身だと伺ったので、こんな仮の世の宿などに心をお留めにならないように、と思っただけです」との遊女の返し。『おくのほそ道』が文学的遺産の重なりの上に成立していることを伝えようとしたのであろう。キーンは後に、芭蕉が式目に従って恋の句を入れたのではないか、とも述べている。

〈『幻住庵記』〉
『おくのほそ道』の旅を終えた芭蕉は、その翌年門人に招かれて元禄三（一六九〇）年四月から七月まで現滋賀県大津の幻住庵に滞在。そこでの生活や徒然なる思いを記した作品が『幻住庵記』である。キーン訳は冒頭部を削って次節から始まる。

五十年《いそぢ》やゝ近き身は、苦桃《にがもも》の老木となりて、蝸牛《かたつぶり》のからをうしなひ、蓑虫の蓑を離れて、行方なき風にうかれ出むとす。

My body, now close to fifty years of age, has become an old tree that bears bitter peaches, a snail which has lost its shell, a bagworm separated from its bag; it drifts with the winds and clouds that know no destination.

『おくのほそ道』から帰還した芭蕉の幻住庵に至った感慨が伝わる英訳であると思う。この『幻住庵記』、またほぼ同文の『笈の小文』からの一節は、キーンにとって格別なものとなる。「たどりなき風雲に身をせめ、花鳥に情を労じて、しばらく生涯のはかりごととさへなれば、つひに無能無才にしてこの一筋につながる」。「つひに無能無芸にして只此一筋に繋る」（『笈の小文』）は、後々キーン自叙伝のエピグラフともなったのである。

（…）I discovered myself bound for life to the one line of my art, incapable and talentless as I am.

〈『去来抄』〉

『去来抄』は、芭蕉の弟子・向井去来と、師・芭蕉との対話形式の俳諧論である。キーンの『去来抄』解説からは、本書をキリストと十二人の弟子の対話『新約聖書』の福音書や、ソクラテスと弟子・プラトンの対話『ソクラテスの弁明』を連想させようとした意図が窺える。『去来抄』は「先師評」「同門評」「故実」「修行教」から成るが、キーン訳では「先師評」四十五章のうち、十章ほどが抜粋翻訳されている。氏の序文は以下の通りである。

十七音の俳句は簡潔で一見易しいため、（中略）日本ではよほど不器用な人だけが即吟できないものであり、広く普及することとなった。しかし、名人の手にかかれば、俳句は決して自然の景を目にして即興で詠む詩などではなく、大概は厳密な美学に則った高度に意識的な形なのである。芭蕉は偉大な俳人であっただけでなく、何よりもその理論を説く人であった。彼の弟子去来との対話には彼の考え方の明快な実例が見て取れる。（拙訳）

俳句とは十七音節の詩であること。見かけは短くシンプルであるが、単なる軽い即興詩ではなく、美学に基づいた立派な詩形であることなどが、簡潔に記されている。キーンが紹介した芭蕉と去来の対話を、ここに簡単に再現したい。

行春を近江の人とおしみける　芭蕉

俳句は短いがゆえに、語のひとつさえ揺るがせにできない、と芭蕉が説く一節。弟子の尚白は芭蕉に、「行春」は「行く歳」に、「近江」は「丹波」に置き換えられるのではないか、と尋ねる。芭蕉に代わって答えたのは、去来であった。「近江の湖水のおぼろに霞む景色は、いかにも春を惜しむのに絶好です。それに先生はその湖のそばに住んでおられるのですから」と。芭蕉に「お前とは詩の話ができる」と褒められた、というエピソードである。

面梶よ明石のとまり時鳥　　山本荷兮

去来は、『おくのほそ道』の芭蕉の句「野を横に馬牽《ひき》むけよほとゝぎす」と「同工異曲ではありませんか、新しい句集『猿蓑』に入れるべきではないと思います」と進言する。芭蕉は「明石の時鳥」は風情があって良いと答えたものの、議論の末に入集しないこととなった。いまに至るまで続く類想、類句の問題でもあろう。

芭蕉と弟子たちの議論は伸展していく。

切れたるゆめはまことかのみのあと　　其角

去来は、「蚤に喰われたくらいのことをこんな風に詠めるとは、其角は上手い」と褒める。俳句は些細なことまで題材になるのである。

病鴈の夜さむに落て旅ね哉　　芭蕉
海士《あま》の屋は小海老にまじるいとゞ哉　　芭蕉

どちらかを『猿蓑』に収めるよう芭蕉に言われた弟子たち。凡兆は後者に新しさがあると言い、去来はたしかに新しいがそれなら自分でも作れそうだ、前者の方が格調高い、と言う。結局両句とも入れることになったのであった。「病鴈」には、病床の芭蕉が投影されている。「小海老と同じように論じるのはどうかと思う」と、芭蕉が笑いながら語った所以である。

岩鼻やこゝにもひとり月の客　　去来

キーンは、「俳句は暗示的なものであり、表現がしばしば曖昧性を帯びる」例として、この句を巡る対話を記す。

去来が、「月がきれいだったので野山をぶらついていますと、岩の端に月見の先客をひとり見つけたのです」と自句を説き明かすと、それに対して芭蕉は、「それより、ここにももうひとり月見の客がいますよ、とお前が呼びかけたとする方がよほど面白い」と答えるのである。去来は、作者である自分以上に句の良さを見出した師に驚く。つまりキーンの言うように、それだけ俳句には曖昧性、読みへの余白があるということだろう。

下京や雪つむ上のよるの雨　凡兆

この俳句ははじめ、「雪つむ上の夜の雨」のみで出された。みなで考えていると芭蕉が、「下京や」を上五に置いたのである。しかも「もしこれに勝るものがあれば、私は二度と俳句については語るまい」とまで自負する。「下京は京都の非常に閑静な一画」と添えたキーンの解説から、執筆当時、氏が京都住まいであったことが思い出される。

猪のねに行かたや明の月　去来

芭蕉はこの句を前にしばし黙り込む。去来が理由を尋ねると、俳句にふさわしい新鮮味がない、との返答。源左衛門督通光の和歌「帰るとて野辺より山へ入鹿の跡吹おくる萩の下風」の「鹿」を「猪」に置き換え、夜猟の句に仕立てたのだろうが、エレガントな和歌でさえ扱える題材。より自由な形式である俳句で扱う価値はない、と切り捨てたのであった。芭蕉曰く、伝統的な和歌と俳句では、ふさわしい題材が異なる、ということである。

夕涼み疝氣おこしてかへりけり　去来

芭蕉は、発句は強く明確に作るべきものと語る。去来は師の言葉に従ったつもりであったが、「まだわかっていない！」と芭蕉に一笑に付される。次は、連歌への付句の折の逸話である。

くろみて高き樫木の森

式目、つまり連歌の約束事に従えば、次には「花」の言葉を入れて付けねばならない。森の雰囲気を損なわずにどう続けたらいいのか。悩む弟子たちに、芭蕉は易々と示してみせる。

咲花に小き門を出つ入つ　芭蕉

暗い森に桜が開くという「実にドラマティックな春の訪れだ」とキーンも解説する。『日本のアンソロジー』で紹介された『去来抄』「先師評」は、ここまでである。連歌の付句で終えていることに注目したい。また「わび」「さび」「しおり」などの常套句に頼らず、平明な言葉で芭蕉の俳句観を浮き彫りにしていることも指摘してよいだろう。

〈芭蕉・蕉門の俳句〉

『去来抄』に次いでこの章では、芭蕉と弟子越智越人《えつじん》、山口素堂《そどう》、榎本（宝井）其角、内藤丈草《じょうそう》の句が取り上げられている。

〈徳川中・後期の俳句〉

この章には大島蓼太《りょうた》、高桑蘭更《らんこう》、三浦樗良《ちょら》、高井几董《きとう》などの句が挙げられるが、特筆すべきは与謝蕪村、小林一茶の二人である。蕪村は、芭蕉にはないロマン性を俳句に持ち込んだ貴族的特質のある詩人。一方の一茶は庶民の生の声を与え、小さく弱き生きとし生けるものに真の愛を注いだ、とする。一茶の句は、非の打ち所のない達人であった蕪村に対すると、他の資質はともかくとして俳句とは思えないようなものも多い、などと記される。

前章およびこの章の翻訳としてキーンがハロルド・ヘンダーソン訳を採用していることを見落としてはならないと思う。ハロルド・ヘンダーソンは第二次世界大戦直後、レジナルド・ブライスと共に天皇の「人間宣言」の草案を書いたことで知られるが、俳句にも通じ、『竹箒 *The Bamboo Broom*』（一九三三）、『俳句入門 *An Introduction to Haiku*』（一九五八）を出版し、英語俳句の世界を広げた人としても名高い。表記にも工夫を凝らしている。キーンもニューヨークタイムズの書評欄で（一九五九年三月八日付）、原句をイメージできる訳と、脚韻を評価している。さらにヘンダーソンは『英語の俳句　*Haiku in English*』（一九六五）も執筆、当時のアメリカの俳句ブームに寄与した一人であった。

以上が『日本文学アンソロジー』のうち「連歌」と「俳句」の解説・実例である。一九五五年初版のこの書は現在も版を重ね、五十万部を超えているそうである。

第二章　俳句の海外受容

ドナルド・キーンの俳句紹介がどのような流れのなか、どのような形で登場したのか、その全体像を俯瞰するため、ここで俳句が海外へどのように伝播したのか、鍵となる何人かを挙げ大きな流れをみたいと思う。

むろん、ドナルド・キーン以前から俳句はさまざまな形で世界に紹介されていた。また「世界」「海外」とは極めて曖昧な表現で、実際は、広範かつ多岐にわたる。本来ならアジア・アフリカ地域の国々などにもぜひ言及したかったが、この章ではドナルド・キーンと俳句を語る上で特に重要と思われる国々に絞った。「大国」に偏り目が行き届いていないことはお許し頂けたらと思う。そのなかで、ドナルド・キーンの著作は、海外の俳句史の大きな一角を占めていたのである。

㈠ イギリス・アメリカ・英語圏

バジル・ホール・チェンバレン

チェンバレン（一八五〇―一九三五）は、東京帝国大学で最初に日本語言語学を論じた日本研究家で、俳句について主要な論文を二本書いている。一本目は一八八〇（明治十三）年の「日本詩歌の古典 The Classical Poetry of the Japanese」、もう一本は一九〇二年発表の「芭蕉と日本の詩的エピグラム Bashō and the Japanese Poetical Epigram」である。

後者の中でチェンバレンは、二百五句の俳句を取り上げ、俳句には芸術的価値があると認めてはいるものの、詩ではなくエピグラム、つまり警句、寸鉄詩としている。といっても近代的な意味の警句ではなく「繊細で飾り気のない思いを表現する、小さな詩の欠片」と定義した。例句には、「想像や思い出を絵筆三筆で素描した自然の情景」といった解説が付され、俳句のなんたるかを浮き彫りにしている。俳句とは一万マイル、二世紀の距離があるが、はなはだ現代的。「十七世紀の日本の詩人の精神は、今日の西欧の水彩画家の作品を左右するものと、まったく同一」といった捉え方をしている。

芭蕉を「日本最高のエピグラミスト」として、はじめて本格的に世界に紹介したのも本論文である。

「不易流行」についても述べられている。芭蕉の『おくのほそ道』を意訳すれば「われわれの北への小道」であり、旅は仏教でいう「悟り」のためとする。（すべて拙訳）

俳句を詩としては定義しないものの、それなりの芸術性があると評価したのである。この論文は後に、ポール＝ルイ・クーシューがフランスに俳句を紹介するきっかけとなっただけでなく、同じくフランス人のミシェル・ルヴォン、ドイツ人のカール・フローレンツ、また初期に俳句を英訳した宮森麻太郎などが俳句の翻訳にあたるうえでも参照することとなった。

ラフカディオ・ハーン（小泉八雲）

ギリシャ生まれのイギリス人ラフカディオ・ハーン（一八五〇―一九〇四）は、一八九〇（明治二十三）年に来日、九六年に日本に帰化し、小泉八雲と名乗った。『怪談 *Kwaidan*』『日本の面影 *Glimpses of Unfamiliar Japan*』の著作のほか、海外への日本文化の紹介でも知られる。そのなかには俳句もあった。芭蕉の「古池や」の句をはじめて英訳したのは八雲だと言われる。（八雲自身は「ホック」と呼んでいる）

Old pond――frogs jumping in sound of water.

切れ字の「や」がダッシュで表され、蛙は複数形となっている。

八雲は一八九八年に『異国風物と回想　*Exotics and Retrospectives*』を出版。日本の詩の心として『古今和歌集』仮名序を引用している。有名な「やまと歌は」の文章であるが、八雲は「花に鳴く鶯、水に住むかはづの声を聞けば、生きとし生けるもの、いづれか歌をよまざりける」の「かはづ」に注目する。

彼は芭蕉句について、「この極めて短い五、七、五音節の三行が成し遂げたのは、ひとつの完璧な感覚絵画を創造しようとしたことである。（中略）難しい離れ技を見事に成し遂げている」（拙訳）と書いている。『霊の日本　*In Ghostly Japan*』の「詩の断片」では、俳句について「鐘の一突きの音色のように、完全な短い詩は、聞き手の心に、長く持続する霊妙な余韻をただよわせる」「イメージやムードを喚起する」（児玉千晶訳）と評した。これは、それまで詩とは呼べないとした西洋人による俳句観とは一線を画すものであろう。晩年の『骨董』（一九〇二）の「蛍」章においても、蛍が日本文学において、どのように描かれるかという文章とともに、四十句近い俳句を訳出している。

ウィリアム・アストン

イギリスの外交官であったアストン（一八四一―一九一一）は、一八九九（明治三十二）年に外国語で書かれた最初の『日本文学史　*A History of Japanese Literature*』を著す。このなかで芭蕉や加賀千代女の句を訳している。

ハロルド・G・ヘンダーソン

ヘンダーソン（一八八九―一九七四）は一九三三（昭和八）年、『竹箒 *The Bamboo Broom*』を出版。様々な俳句が訳出され、影響力があった。その後コロンビア大学の教授となり、一九五八年にはこの改訂版ともいえる『俳句入門 *An Introduction to Haiku*』も出している。

ヘンダーソンはまず一ページの三分の二を俳句のローマ字書きと、韻を踏んだ英訳に当てた。下部の三分の一には逐語的な英訳を付し、読者がそれを参考に自分なりの解釈ができるようになっている。キーンは、一番成功している翻訳は次の大島蓼太の句訳とみなす。

五月雨やある夜ひそかに松の月　蓼太

All the rains of June:
and then one evening, secretly,
through the pines, the moon!

June と moon という押韻がありきたりではあるが、「比較的うまく使われ、しかも原文に忠実でありながら、英詩としても整って」いるとしている。次は虚子句のヘンダーソン訳。

蛇逃げて我を見し眼の草に残る　　虚子

A snake! ...and it passes——
　but eyes that had glared at me
　　stay in the grasses.

passes と grasses が韻を踏み、「草に残る」の字余りのニュアンスまで意識的に写しとっている。

エズラ・パウンド

二十世紀初頭のアメリカの詩人エズラ・パウンド（一八八五―一九七二）は、イギリスの大英博物館で浮世絵を目にし、そこに「和歌」が記されていたことから日本の短い詩型に興味をもつ。

彼がホック（発句／俳句）と呼んだ「メトロの駅で　In a Station of the Metro」は、最も人口に膾炙した英語短詩であろう。

The apparition of these faces in the crowd:
Petals on a wet, black bough.

群衆の中の幽霊の顔
濡れた黒い枝に花びら　（キーン訳）

初めは長詩であった自詩を切り詰め、それでも不満が残り、さらに二行にまで凝縮したのがこのメトロのホックであった。荒木田守武の「落花枝に帰ると見れば胡蝶かな」の影響も見られる。パウンドの守武句の訳は次の通り。

The fallen blossom flies back to its branch:
A butterfly.

パウンドは一九一二年ごろ、詩壇にイマジズムという新風を吹き込んだ。その後さらに論文「渦巻宣言（ヴォーテックス）」（一九一四年）を発表、第一次世界大戦前一九一〇年代半ばに芸術運動「渦巻主義」を興す。俳句は、そのひとつの鍵となったのである。イギリスの詩人T・E・ヒュームやイマジスト派の詩人の注目するところとなり、英語圏に伝播していく。パウンドの訳詩及び「メトロの詩」とその創作過程は、ヴィクトリア朝、ロマン主義の伝統的な詩形に閉塞感を感じていた詩人たちの突破口ともなったのだ。

エイミー・ローウェル

この渦巻主義を継承した中心人物はアメリカの女性詩人エイミー・ローウェル（一八七四―一九二五）。彼女はイマジスト派の詩人として「近代的テーマによるホック」三行、十七音の詩を書いている。兄からもらった日本の版画や玩具から興味をもち、特に葛飾北斎や安藤広重の浮世絵に影響を受けた絵画的な詩である。

灰色の壁を打つ網目の雨
斜の線を描く黒い雨
上下の濡れた建物の外側

これはおそらく広重の雨の版画を映しているのでは、とキーンは推察する。一九一九（大正八）年に出版された詩集『浮世絵　*Pictures of the Floating World*』の中の一編。

砲口にとまっている黄色い蝶は

ゆっくりと羽を開けたり閉じたりしている（キーン訳）

第一次世界大戦後に詠まれたこの詩を喚起したであろう句についてキーンは、蕪村の有名な句「釣鐘《つりがね》にとまりてねむるこてふ哉」を指摘している。彼女の詩に「とんぼ」「ほたる」などの昆虫がよく表れるように、日本の詩を「美しくて小さくて暗示に富むもの」と捉えていたようだと述べる。

宮森麻太郎

英文学者・翻訳家の宮森麻太郎（一八六九—一九五二）は、一九三〇年『英譯古今俳句一千吟』を著している。英文学者加藤猛夫は本訳を「単刀直入、原詩の生命をゆるぎなき理解力と洞察力とを以て把握し、そこに躍動的な英詩を生み出してゐる」と評している。足利時代の一休禅師、宗鑑、徳川時代の貞徳、貞室、宗因、季吟、芭蕉、鬼貫、其角、去来、嵐雪、千代女、蕪村、一茶、明治以降の子規、鳴雪、漱石、虚子、井泉水、四方太、碧梧桐にまで及び、前出のヘンダーソンも含め、欧米に俳句を伝える契機となった。

一九三二年には『英譯古今俳句一千吟　*An Anthology of Haiku, Ancient and Modern*』の改訂版が出版され、英訳俳句には日本語の原文とその翻訳、さらに詳細な注釈も書き加えられた。ハンディな本であったため、キーンを含む海外の日本文学研究者に愛好された。一九三六年には、続編“*Masterpieces of Japanese poetry, Ancient and Modern*, Vol. 1”も出版されている。

レジナルド・ホーラス・ブライス

イギリス人の日本文化研究者であったブライス（一八九八―一九六四）は、来日し英語教師を勤めていたが、第二次世界大戦が勃発。敵性外国人として拘束される。だがこの期間にブライスは後の世を驚かすこととなる大著を執筆していた。『俳句　*HAIKU*』全四巻（一九四九―一九五二）である。それ以前にも『英文学および東洋古典における禅　*Zen in English Literature and Oriental Classics*』（一九四二年）をすでに著していたが、この『俳句』全四巻は戦後、俳句に無縁であった人々をも触発したのである。

ブライスは戦争直後、昭和天皇の「人間宣言」の草案をコロンビア大学教授ハロルド・ヘンダーソンと作成したことは前述した。ブライス、ヘンダーソン両者共に俳句の世界受容に貢献している事実は、思えば不思議である。

ブライスの俳句観は、禅と強く結びついている。後述のようにこれは、アメリカのビート詩人らに大きな影響を与えた。彼によれば、俳句は「インド仏教」「道教」「儒教」の三つが源流となっている。

『俳句』第一巻「序論」でブライスは次のように述べる。

俳句が最も純粋かつ最深の精神的理解を必要とすることを示すのが、この巻及びこれに続く巻の目的である。というのは、俳句は宗教的詩的体験の東洋的世界全体を表すものだからである。俳句はあらゆる東洋的文化の最後の花であり、また俳句は生き方そのものである。

俳句は宗教から生まれた、と定義している点は注目すべきだろう。また「中国美術」や「日本絵画」の影響も強調しているのは、ブライスが東洋では芸術と文学が密接している、と捉えていたからであろう。彼にとって俳句と宗教、及び芸術は分かちがたいのである。

ブライスによれば俳句は「一種のサトリ又は啓示」であり、禅にも勝る存在なのだ。芭蕉については「インドの精神的傾向と、中国の現実的傾向と、日本的単純素朴とを混ぜ合わせた」人物とする。大きな世界の宗教という器の中のアジア、さらにその中の日本という見地から、俳句・俳人を捉えたのである。「バッハの音楽と同じように、意味を追求する」「その意味のまわりにある特殊な美が漂う」という。彼が敬愛したバッハの音楽に、俳句は重ね合わせられてもいる。

この壮大な俳句と禅の全貌を彼は聖書、シェイクスピアを筆頭に古今東西の哲学者、宗教家、文学者、詩人、俳人及びその作品を挙げ、詳細に論じていく。「俳句の心としての禅」という編では、十三章にわたりその特徴が述べられる。「没我」「孤独」「感謝」「無言」「無分別」「矛盾」「ユーモア」「自由」「無道徳」「簡素」「即物」「愛」「放胆」。

四大俳人としては、芭蕉、蕪村、一茶、子規を挙げている。芭蕉は精神的、蕪村は芸術的、一茶は人間的、子規は普遍的と概観し、彼らこそ禅としての俳句を心得、実践し、句を残したと認めたのであった。ブライスのこの案内により、この四人の俳人は世界に名が刻まれたのである。

吉村侑久代は『R・H・ブライスの生涯』で、「俳句は全東洋の文化の精華であり、最高峰であって世界の一半においてホーマー、ダンテ、シェイクスピアやゲーテなどが占めているのと同様の地位を、他の世界の一半において持っている」というブライスの言葉を引用している。ブライスによる俳句＝禅の考えの影響力が（特にアメリカにおいて）大きかった点は、功罪両面から重要であろう。

ビート・ジェネレーションの小説家・詩人たち

ブライスの著書『俳句』の反響は大きく、アレン・ギンズバーク（一九二六—一九九七）、ゲーリー・スナイダー（一九三〇—）らビート・ジェネレーションの詩人たち、小説『オン・ザ・ロード』で知られるジャック・ケルアック（一九二二—一九六九）の句集『俳句 *Haiku*』等、大きな影響が見られた。『ライ麦畑でつかまえて』のJ・D・サリンジャー（一九一九—二〇一〇）は、小説『フラニーとズーイ』で、古代ギリシャ哲学者エピクテトスやインドのラーマクリシュナ、カフカ等とともに一茶の句「かたつむりそろそろ登れ富士の山」を引用している。

このようにヒッピー文化を牽引した彼らにとっても、禅及び俳句は重要なファクターとなったのである。彼らは盛んに俳句にインスピレーションを受けた短詩「ハイク」を発表した。

ドナルド・キーン

俳句の伝播においてキーン（一九二二—二〇一九）著『日本の文学』『日本文学アンソロジー』も、影響力をもった。ブライスの『俳句』が完結した翌年一九五三年に出版された『日本の文学』は、それまでアストンの『日本文学史』しか通史が存在しなかったこともあって、画期的であった。次いで一九五五年に上梓された『日本文学アンソロジー』は、さらに前著を具体的に裏付けており、一九五〇年代から六〇年代にかけて英語圏など海外における日本文学受容の大きな力となった。

ケネス・ヤスダ

日系二世の日本文学研究者、翻訳家のケネス・ヤスダ（一九一四—二〇〇二）は、一九五七年、東京大学博士論文「俳句の本質とその詩的意図」を元に『日本の俳句』を著す。彼の定義した「俳句の瞬間（ハイク・モーメント）」は、今日、日本国外で俳句の概念として定着している。

それは「体験が生み出した言葉を体験そのものが一体となれる瞬間」「それ自体が命をもつようになる決定的な瞬間」である。悟りのような調和のある「美的瞬間」なのだ。ヤスダは翻訳でも自作の俳句でも五七五音節の三行形式を踏襲し、一行目と三行目で韻を踏んでいる。

(二) フランス

ポール＝ルイ・クーシュー

俳句をはじめて本格的にフランスに紹介したのは、フランス人の医師ポール＝ルイ・クーシュー(一八七九―一九五九)であった。彼は一九〇四年、日露戦争の開戦の年に来日。フランス国立極東学院長、クロード・メートルによるチェンバレン「芭蕉と日本の詩的エピグラム」評を介して俳句を発見、魅せられる。チェンバレンは俳句を詩的エピグラムと定義したが、クーシューはそれを踏襲しつつ、「抒情的エピグラム」とし、帰国後の一九〇六年、俳句論「レ・ハイカイ　日本の抒情的エピグラム」を文芸誌『レ・レットル』に発表している。(フランス語では音の連想から「尻」に通ずるハイクまたはホックの語は好まれず、ハイカイとされたと言われる)。五回に及ぶこの連載は、次のように始まる。

ハイカイは三行詩というか、正確に言えば三つの短い句から成り立った日本の詩である。

（中略）三つの筆さばきからなる単純な絵、カット、素描、時には筆をおいただけのもの、一つの印象なのである。そこからは抽象的な部分は除去されている。統辞法は極度に省略がきいている。要は三つの簡潔なタッチによって、一つの風景、小情景をつくることなのだ。詩的な努力はすべて、喚起力豊かな三つの感覚を選ぶことに注がれ、それらの感覚がもろもろの連想を促す。

（金子美都子訳「日本の抒情的エピグラム」）

クーシューのハイカイの定義である。彼が俳句の絵画性、それも「狩野派の古典的絵画」ではなく「写実的な絵」「版画や絵手本」、つまり北斎や広重のような浮世絵だと述べているのが興味深い。俳句は和歌とは異なり、どんな題材でも取り入れられるうえ、貴族や武士ではなく町人たちの詩であり、「われわれの目に直接訴えてくるヴィジョンであり、われわれの心に眠っている何らかの印象を目覚めさせる」「鮮烈な印象」である、としている。エズラ・パウンドと同じくクーシューも、荒木田守武の「落花枝にかへると見れば胡蝶かな」を取り上げ訳している。フランス語訳は次の通りである。

散った一ひらの花びらが　　Un pétale tombé
また枝に返っていく、　　Remonte à sa branche:
おや！　蝶だ！　　Ah! c’est un papillon!

クーシューはこの句を評し、ハイカイは「一瞬の驚き！」であるとする。「はっとする驚き」「突然の思いがけないもの」がこの句には生きている、という。

このようにヴィジョン、即ち視覚的な面を強調したクーシューは、芭蕉よりも蕪村に注目している。彼の訳した百五十八句のうち、蕪村の句は実に六十三句にのぼる。『蕪村句集講義』（一九〇〇〈明治三十三〉年―一九〇三年刊行）を底本としたのかもしれない。蕪村を好んだ子規が、一八九八年に虚子、碧梧桐らと輪講を始め、内藤鳴雪らも加わって編纂した書である。本書をとおして子規と同様、クーシューも蕪村を発見し、高く評価したのだろう。

クーシューは日本の歳時記のごとく、俳句を「動植物」「風景」「風俗」と主題別に分類している。また自らも俳句を詠み『水の流れのままに』という句集を一九〇五年に自費出版。これが世界初の日本人以外による句集といわれる。全七十二句。瑞々しい三行詩は、それまでのフランス詩に新風を吹き込むこととなった。

ジュリアン・ヴォカンス

詩人ジュリアン・ヴォカンスは、第一次世界大戦に従軍し、シャンパーニュの塹壕戦について「戦争百景」というハイカイを一九一五年に発表。これは前線の兵士からの生々しい声、と大きな反響を呼んだ。鬼気迫る句の数々。戦場での息づかいがルポルタージュのように響く。

しかし寺田寅彦は、ヴォカンスは「大戦の塹壕生活を歌った、七、七、七シラブルの『ハイカイ』」、を書いたが、それらには「全く季題がないので、どうひいき目に見てもわれわれには俳諧とは思われないのである」と否定的であった。海外の俳句についての季題、季語及び季感の問題は今も議論が続くが、このヴォカンスのハイカイは、彼が芭蕉や蕪村に学び、国内外でもこのような実りを結んでいた証であろう。

ミシェル・ルヴォン

東京帝国大学に法学者として赴任したミシェル・ルヴォン（一八六七―一九四七）は、一九一〇年に『起源より二十世紀までの文学選集』という大著を出版した。『古事記』『源氏物語』から『万葉集』『古今集』『新古今集』などを紹介したが、芭蕉をはじめとする俳句七十二句も訳出している。説明的な訳ではなく原文を重視、三行分けにし、注を付記した。アストン、フローレンツも俳句を三行にしており、外国で俳句が三行詩として定着した一因と思われる。

ジョルジュ・ボノー

日本文学研究者のジョルジュ・ボノー（一八九七―一九七二）は、一九三二年から三九年にかけて日本に滞在。堀口大學共訳で漱石『こゝろ』をフランス語に翻訳している。一九三五年、フランス語訳『日本詩歌選集 *Anthologie de la poésie japonaise*』を出版。堀口大學は随筆

「ボノオ博士の日本詩歌の佛譯」において、「日本詩歌の精髄をその根本に徹して理解」している、と評した。本書はまたドナルド・キーンをはじめ、ポール・クローデル、ロラン・バルトといった文学者の必携書となった。ポケット版で出版されたため一般の読者にも読まれ、英語圏に先んじてフランスで広く俳句が知られる一端となった。

N・R・F俳諧特集

一九二〇年はフランスでは「ハイカイ（俳諧）の年」といわれる記念すべき年となる。ハイカイのアンソロジーが有力な文芸誌『N・R・F（新フランス評論）』九月（八四号）巻頭となったのである。編集長リヴィエールは、作家ブロックから手紙を受け取る。そこには、クーシューの著書に啓示を受けて作ったハイクとともに、その「とるにたりない輪郭が内包する暗示力」について記されていた。編集長リヴィエールもハイカイに触発され、「絵画的である以上に心理学的価値」があると返信し、巻頭を組んだのである。こうして十二人、つまりクーシュー、ブロック、ジュリアン・ヴォカンス、ジョルジュ・サピロン、ピエール・アルベール＝ビロー、ジャン・ブルトン、ポール・エリュアール、モーリス・ゴバン、アンリ・ルフェーヴル、アルベール・ボンサン、ルネ・モーブラン、ジャン・ポーランのハイカイが掲載されたのであった。

一九二〇年を「ハイカイの年」と呼んだ文芸批評家バンジャマン・クレミューは、ハイカイは「雄弁の首をしめあげ」「純粋な詩の凝縮」であると指摘する。当アンソロジーについて柴田依子は著書『俳句のジャポニスム』のなかで、「フランスにおける俳句のジャポニスムの開花、クーシューを介して日本の俳句の移入と受容が本格化する二〇世紀前半までのポーランらによる『文学的情熱の年代記』と言えるのではないだろうか」と記している。

一九二〇年代は、第一次世界大戦中の一九一〇年代の半ばにヨーロッパで起こった運動ダダの興隆した時期でもあった。ハイカイ・アンソロジーに参加したクーシュー、ヴォカンス、エリュアールが「ダダの集会」に出席していることも看過できない。言うまでもなくエリュアールは、ダダイスム及びシュルレアリスムを唱導したが、その運動の中で俳句は一翼を担っていたのである。

エリュアールの一句。

羽毛が帽子に
ほのかな微風をおくる
煙突がくゆる。

Une plume donne au chapeau
Un air de légèreté
La cheminée fume.

俳句、俳諧は、ダダイストやシュルレアリストに自由な空気を注ぎ入れたのである。ヴォカンスは後に、エリュアールへの書簡形式で次のように書いている。「すぐれて、内的独白の心理探究の手段であるハイカイが、いつか我々に、シュールレアリスムでは到達不可能と明らかとなった秘宝の鍵を授けてくれる可能性がありうるのではないだろうか（しかしながら、シュールレアリスムはハイカイにおそらくは多くのことを負っているのではないだろうか、エリュアールよ）」と。

だが高浜虚子がパリを訪れたころにはその勢いはかなり衰えていた。一九三六（昭和十一）年、クーシューをはじめ数人の俳人、及びキク・ヤマタ夫妻らが、パリの日本料理屋ボタンヤ（牡丹屋）で「高浜虚子先生歓迎茶会」を催した。クーシューは自筆のハイカイを虚子に送る。その席で虚子は、フランスには俳句が十七音節の詩として伝えられているようであるが、俳句はむしろ「季を諷詠する詩」であると述べた。虚子はその時のことを『ホトトギス』に発表、『渡仏日記』を刊行している。フランス俳人たちとの交流はその後も続き、両サイドに影響の波紋は広がっていったのだが、やがて時代は第二次世界大戦へとのみ込まれていったのだった。

一九二五年から「N・R・F」編集長を務めた作家ジャン・ポーランは、論文「日本のハイカイ」（一九一七年）でおおよそ次のようにまとめている。

①日本のハイカイは「庶民の詩」であり、「細部、小さいもの、つかの間のものを切り取り、探究し、さっと捉えている」

②「短い驚きはハイカイの本質である」「ハイカイは純粋な感覚にきりつめられ、そこに何かが付加されるのを慎む詩」「抒情性を侵す西洋の雄弁を告発してやまなかったステファー

ヌ・マラルメがもし『ハイカイ』を知っていたら魅了されたことであろう」

③芭蕉については「彼自身は全き神秘主義者」とし、俳句は「神秘主義的」としている。日本の俳句は「文人の詩」よりはむしろ「叫び」「表出」「単語」に近いと捉えている。

ポール・クローデル

フランスの劇作家・詩人ポール・クローデル（一八六八―一九五五）は、ノーベル文学賞候補に六度挙げられたカトリック作家として知られるが、その詩作に俳句が大きく関わっていることも書き留めておきたい。彼は彫刻家ロダンの弟子カミーユ・クローデルの弟で、ジャポニスムに傾倒した姉の影響で幼いころから日本に憧れを抱いていた。日本へ行くために外交官の道を選び、来日したのは一九二一年。以後休暇帰国を経て二十七年まで着任した。彼は日本中を精力的に歩き、伝統芸能を体験した。一九二三年は関東大震災の起きた年。自らも被災しながら、陣頭指揮に立ち救援活動にあたった。

俳諧に触発されて上梓された短詩集『百扇帖』の初版は一九二七年、彼が離日した年。百七十二篇の短詩を、クローデルが見開きの右ページに筆でフランス語を、その詩に呼応する漢字二字を画家の有馬生馬が左ページに墨書している。

日本に焦がれ、来日したクローデルの置き土産が、ハイカイにインスピレーションを得た『百扇帖』であったことを記しておきたい。

キク・ヤマタ（山田菊）

フランス人を母に、日本人を父に、二つの祖国を持つキク・ヤマタ（一八九七―一九七五）は、フランスで詩人ポール・ヴァレリーをはじめ、アンドレ・ジッド、コレット、ジャン・コクトー、レオン・ドーデといった著名な人々の集う文学サロンに、鮮烈なデビューを果たした。その文学的才能は小説作品などにも生かされていくことになる。また、アーサー・ウェイリー英訳『源氏物語』をフランス語に抄訳。そのほか生け花の普及など、日本文化の紹介者としても存在感を示したのであった。

『日本人の唇の上に *Sur des lèvres japonaises*』（一九二四年）は、日本の説話や伝説を集めた書で、キクは俳句も訳出している。芭蕉三十八句、蕪村十四句、コンテンポラリーの俳句（Haikais Contemporanies）として、中塚一碧楼七句、正岡子規一句、内藤鳴雪四句である。俳句は「ハイカイ」となっている。

この書にはヴァレリーが書簡体の序文を寄せている。「マドモワゼル・クリザンテーム（つまり菊。筆者注）、二つの祖国を、二つの言語を持ち、二つの身なりを楽しみ、本質的に二重性を持つあなたは、この著しい違いがあなたの血の一滴一滴にあるのですから、二つの言語のうちの一方に、もう一つの文学の宝庫の選りすぐりの物語や詩をいくつも伝えてくれると思うのです」（拙訳）、そのあなたにしかできない作品を楽しみにしている、という旨の非常に好意的な文章である。

ロラン・バルト

フランスの哲学者・批評家のロラン・バルト（一九一五―一九八〇）もまた俳句に触発された一人であった。前項のキク・ヤマタの俳句翻訳も見ていたことがわかっている。一九六六年に日本を訪れたバルトは「日本を発見」、『記号の国』を著し、その中で俳句について多くのページを割く。俳句との出会いによって、当時苦悩していた彼は新たな思索とエクリチュールの可能性を見出したのだった。

俳句は、羨望をおこさせる。どれほど多くの西欧の読者が夢みたことだろうか。手帳をたずさえて、あちこちで「印象」を書きとめながら歩きまわることを実生活でしてみたいものだ、と。（石川美子訳）

こうして作られた俳句では「簡潔さは完璧さを保証するものとなり、素朴さは深遠さを証明するものとなるだろう」と憧憬を記す。当時バルトが参照していた俳句関係の本は、一九二〇年代のキク・ヤマタのフランス語訳や戦後のブライスの英語訳といった限られたものだった。それでも彼はこの文学に強烈に惹かれたのである。

「フランスの文学であれば、ふつうは、一編の詩にしたり、ひとつの詳述を展開したり、（中略）彫琢された思考に仕上げたりと、ようするに時間をかけたレトリックの作業が求められるところ」、俳句は短くて単純で日常的、そして意味をなさない。空虚であり無なのである。西欧であればたとえ短い句であろうともキリスト教的な天啓、啓示、直観などといった言葉を当てはめてしまいそうなところ、俳句は無である。ただこうだ、と提示するだけ。一本の描線が引かれているだけなのだ。「俳句においては、意味は一瞬の閃光、光の浅い傷跡」であり、「写真を撮るときのフラッシュなのだが、そのカメラにはフィルムが入っていない」。このように表現された俳句はバルトも触れているように禅の公案のようであるが、この無意味さこそ、意味の充満する西欧の言説に行き詰まりを感じていたバルトを救ったのだった。

バルト自身は俳句を作りはしなかったが、彼特有の短い形式のエクリチュール「断章（フラグマン）」はこの俳句との出会いから誕生したのである。

やがて小説を書きたいと願うようになったバルトは、『小説の準備』と題されたコレージュ・ド・フランスでの連続講義「俳句とプルースト」を講じる。プルーストの『失われた時を求めて』は長文で知られる作品。コロンやセミコロン、ダッシュ、関係節、括弧……、流れるようにどこまでも続く一文を、俳句という超短詩と対置させることは一見突飛なようである。しかし私自身、拙著『ひとつぶの宇宙』で以前その親和性を論じたように、違和感なく受け入れられる展開を見せる。バルトは俳句に焦点を当てつつ講義を進めていく。彼がテキストとした俳句は六十六句、フランス語訳としてロジェ・ミュニエ訳とモーリス・コヨー訳が加えられ、それだけでも俳句をより深く知ろうとした姿勢が窺える。

特記しておきたいのは、『記号の国』（一九七〇年）では俳句の無意味、言葉の中断といった点が強調されていたのに対し、この講義では天候や季節の記述に重点が置かれていることである。「季語」とまでは呼べないとしても「季感」が、母親を喪ったばかりのバルトに迫ってきたのである。プルーストの『失われた時を求めて』でも「季感」が繰り返し記述されることにバルトは注目する。フランス語では「天気」と「時間」は同じ単語「temps タン」で表わされる。失われた「時」もタンであり、プルーストの記述する天候や季節もタンであり、俳句に現れる季感もタン。「悠久の時の流れ」と「瞬間のエクリチュール」である俳句は、タンの概念からも芭蕉の不易流行と呼応するのである。

バルトはこの連続講義のあと、さらに『明るい部屋』で俳句と写真の親和性を論じる。「ある何ものかが一閃して、私の心に小さな震動を、悟りを、無の通過を生」じさせるものである、と。（ドナルド・キーンの俳句と写真論にも通じるかもしれない）。

しかしバルトは俳句も小説も書くことはなかった。一九八〇年交通事故により不慮の死を遂げたのである。それでもこのバルトの俳句論は、死の直前まで「エクリチュールの勇気」を俳句から得た人の考察として、今日の私たちにとっても刺激に満ち、示唆を与えてくれるのではないだろうか。

イヴ・ボヌフォワ

ここで、ブライスの『俳句』に影響を受けた詩人の名をあげたい。イヴ・ボヌフォワ（一九二三―二〇一六）である。彼は二〇〇〇年正岡子規国際俳句大賞受賞記念講演でR・H・ブライスの『俳句』に自分をはじめ多くのフランスの詩人が影響を受けている、と述べている。自分たちは、自然界や社会の大いなる現実のあれこれを「ただ一望のもとに収め、ただひとつの印象にまとめ上げる」短い詩に出会った。さらにそれらの俳句を詠んだ「禅僧のことを知り、われわれ現代社会の精神の要求に力強く応えてくれる、ある高い精神性をさえ感得した」と、「禅」という言葉および概念を用いて俳句を語っている。一九五〇年代以降、フランスの詩人たちはみな詩形について考え、「必ずしも『俳句様式』と呼べるものが生まれたわけではありませんが、あるもの（つまり俳句）を参照することが必要かつ根本的であるという認識が定着したのです」と発言している。

一九六〇年代に『おくのほそ道』のフランス語訳が出版されたこと、またロジェ・ミュニエが編んだ俳句のアンソロジーについてもボヌフォワは言及する。俳句はこれからも、「西洋の詩的思考の中心にあり続ける」とまで述べている。受賞記念講演という壇上であったとはいえ、フランスの詩人が俳句にインスピレーションを受けていたという流れが確かめられるであろう。

君はランプを手にとる、ドアを開ける、
ランプなど何になろう、雨だ、もう夜明けだ、

（すべて川本皓嗣訳）

(三) ドイツ・ドイツ語圏

カール・フローレンツ

フローレンツ（一八六五―一九三九）はドイツの文学者で、一八八八（明治二十一）年日本の帝国大学に招聘された。彼の『日本文学史』（一九〇六年）は、アストン著『日本文学史』に次ぐ日本文学通史であり、ドナルド・キーンは『日本文学アンソロジー』の執筆に当たって、両著を参照している。フローレンツの日本短詩への考え方は、一八九五年に書かれた「日本詩歌の精神と欧州詩歌の精神との比較考」という論文にも明らかである。

フローレンツは『日本文学史』で、俳句を「日本のエピグラム」と呼び、「エピグラム詩人」芭蕉の「夏草や」「古池や」、蕪村「春雨やものがたりゆく蓑と傘」などの句を紹介している。しかし欧米人からすると俳句はあまりに短く、仄めかし、暗示しようとする詩の欠片に過ぎない、詩とはなっていない、としている。

ライナー・マリア・リルケ

オーストリアの詩人リルケ（一八七五―一九二六）もまた、一九二〇年九月の『N・R・F』誌のハイカイ・アンソロジーを介して俳句と出会う。翌十月には、クーシューの『アジアの賢人と詩人』を購入、それを熟読していたことが判明している。書簡の中でこの特集を「この短さにおいて言いがたく熟し、かつ純粋な形の詩の翻訳が掲載された」と記している。

リルケは俳句の特徴を四点にまとめている。

第一点は「大胆なほどの単純化」、第二点は「ハイカイは我々の目に直接訴えてくる一つのヴィジョンであり、我々の心に眠っている何らかの印象を目覚めさせてくれる生き生きとした一つの印象である」。第三点はやはり荒木田守武の落花の句を取り上げ「一瞬の驚き！」とクーシューの言葉をなぞっている。第四点は「これら（三つの小さな描線）は、他のいかなる振動にも限定されず、ほとんど際限なくおのずと広がってゆく振動に似ている」。

俳句に触発された晩年のリルケが、フランス語連作詩『ヴァレーの四行詩』及び『薔薇』にそれを生かしたのではないか、と柴田依子は考察している。

リルケの蔵書『アジアの賢人と詩人』収録の「日本の抒情的エピグラム」には、傍線や書き込みが多く精読のあとが見られるが、中でも蕪村の紹介や俳句に印が付けられている。友人宛の手紙にリルケは蕪村の十句を書き写している。

草枯て狐の飛脚通りけり
寂《せき》として客の絶間のぼたん哉
散りてのち面影にたつぼたんかな
燈《ひ》をおかで人ある様や梅の宿
追剝を弟子に剃りけり秋の旅
渡し呼《よぶ》草のあなたの扇かな
しぐるるや鼠のわたる琴の上
旅芝居穂麦がもとの鏡たて
朝霜や剣を握るつるべ縄
身にしむやなき妻のくしを閨に踏

「身にしむや」の句についてリルケは、「これは、まさにエドガー・アラン・ポーの小説を三行詩にしたようなもの」と記している。リルケは「十五世紀以来日本人によって培われてきたハイカイ、微小な詩的統一体」と俳句を表現しているが、書き写した句を見ると、いずれも視覚的に鮮烈であり、ドラマティックでストーリー性のある句であるように思われる。三行の不連続ではあるが、いや不連続だからこそインパクトのあるこれらのヴィジョンを並べることで、想像力が搔き立てられ、彼の美的感覚、芸術観を揺さぶったのであろう。「ばらばらな要素が事物や出来事から喚起される感情によって」、可視化できるものだけではなく、「眼に見えないもの」へと変容する、とまでリルケは述べている。俳句の持つヴィジョンは目に見えない内的世界へ、本質への扉となったのである。

リルケが俳句に出会った一九二〇年当時、彼は新しい詩的言語を模索していた。「言葉の核だけからなっている言語」を求めていたのである。中でも蕪村は――リルケは自筆でBusonと本に書き込んでいる――彼の詩心を刺激し、新たな創作へと向かわせたのではないだろうか。蕪村の「牡丹」はリルケの「薔薇」へと変容し、彼の晩年の死から再生への道を照らしたのであった。

㈣ スペイン・スペイン語圏

マチャード、ヒメネス、ロルカ

スペイン語圏での俳句の受容は、メキシコの詩人ホセ・フアン・タブラーダに始まるとの通説であった。しかしこれはメキシコ人オクタビオ・パスが、スペイン人ではなく同国人であるタブラーダに功を立てさせたかったからではないか。田澤佳子は著書『俳句とスペインの詩人たち』のなかでそう推察している。実際にはイギリス、フランスとほぼ時を同じくして、スペインにも俳句は伝わっていたのである。スペインの詩人三人の名を列記しておきたい。アントニオ・マチャード（一八七五―一九三九）、ファン・ラモン・ヒメネス（一八八一―一九五八）、フェデリコ・ガルシア・ロルカ（一八九八―一九三六）である。

マチャードは一九〇七年、詩集『孤独、回廊、その他の詩』を出版した。ここには自然描写や平明な表現など、俳句の影響が見られるという。まさにパリで「ハイカイ」がブームになったころである。マチャードは後に、自分は「スペインの叙情詩という木の余分な枝の剪定をした」と述べている。

ヒメネスもまた俳句を読み、俳句的要素の多い詩を書いている。殊に一九一七年の『新婚の詩人の日記』以降には、「裸の詩」とよばれる短詩を書き始めている。異質な単語二語を衝突させ、ある瞬間の印象を描くのである。イマジズムを経由しての俳句との出会いがあったのではないか、とも指摘されている。

ガルシア・ロルカはマチャードに会い、彼の詩を通じて俳句に触れていたはずである。また日本で教師をしていた友人のピサロとも関わりがあったであろう。ロルカが詩人として出発するころ、スペインの文壇には俳句が浸透しており、第一詩集『詩の本』では、虫や蛙や蟬などが現れる。一九二〇年ごろの手紙にも「ママに捧げるお祝いのハイカイ」「ハイカイについての覚書」「ハイカイについての批評」を認めている。「ハイカイは、フランスの新しい詩人たちがヨーロッパへ持ち込んだ、優れて日本的な歌であり、僕は新しいものが特に好きなので、単に楽しむためにそれを試してみる」と。

しかし一九三六年スペイン内戦の際、ロルカは銃殺され、彼の詩業も途絶えたのであった。

ホセ・フアン・タブラーダ

スペイン語圏でまず重要なのはメキシコの詩人ホセ・フアン・タブラーダ（一八七一―一九四五）であろう。タブラーダは『ある一日…』『花壺』と二冊の俳句集を残している。第一俳句集『ある一日…』が出版されたのは一九一九年九月。タブラーダ夫人は「夫は、快適な気温や、静かな暮しに満ちたゆとりや、美しい風景に幸せを感じておりました。花たち、虫のうなり音、鳥の鳴き声のなかから彼の本『ある一日…』が生まれました」と語っている（『俳句とジャポニスム』）。タブラーダは昆虫が特に好きだったようで、一茶などの日本の俳人が動植物、特に小さな生き物に注ぐ眼差しに相通ずるものがある。『ある一日…』を開こう。

蜻蛉《とんぼ》

蜻蛉とは
薄片の羽持つ
びいどろの釘

（太田靖子訳）

次のハイクも明らかに「唐がらし羽をつけたら赤蜻蛉」の影響を受けている。クーシューの

『アジアの賢人と詩人』に、芭蕉作として紹介されていた句である。

赤唐辛子の一つ切れ
羽をつけなさい
ほら、蜻蛉！

単なる翻案ではなく「びいどろの釘」としていたり、「ほら」と蜻蛉に呼びかけたりするなど、タブラーダ色を感じる。

次のハイクは、イギリス・ヨーロッパに広く伝わった荒木田守武「落花枝にかへると見れば胡蝶かな」のスペイン語翻案といって良いものである。

蛾
枯枝に戻せ
夜の蛾よ
枯葉のようなお前の羽を　（「夕暮」）

原句の「花」と「蝶」は、「枯葉」と「夜の蛾」に置き換えられ、趣が変わっている。以上のような翻案から転じ、さらに独創的となったハイクには次のようなものがある。

飛行
静かな夕べ、一緒に、
アンジェラスの鐘の音符が飛ぶ、
それは蝙蝠《こうもり》と燕

後出のオクタビオ・パスはこの句について、「日常的なものと思いがけないものとの組み合わせ」と評し、次の句には「ユーモアそして月と猫のあいだの言葉と視覚による連携」があるとする。

パノラマ
わが窓の下、屋根には月
そして猫たちの影絵と
中国の音楽

オクタビオ・パス

メキシコの詩人でノーベル文学賞を受賞したオクタビオ・パス（一九一四―一九九八）は、インド大使であったこともあり、東洋文化に感銘を受けた人である。彼は俳句にも大きく触発されている。俳句を詩作に生かし、代表作『太陽の石』などを発表すると同時に、連歌師としても活躍した。『おくのほそ道』をスペイン語訳し、南米世界に芭蕉の紀行文を知らしめたのも彼である。オクタビオ・パスは俳句を受容したのみならず、発信者ともなったのである。

彼がなぜスペイン語圏、そして世界の俳句史に名を刻むことになったのか。彼の著作やインタビューを読んでいくうちに、ドナルド・キーンとの出逢いにゆきあたった。この二人の友情が始まりのひとつ、太陽の石ならぬ礎のひとつとなったのである。キーン氏とパスの関わりについては、後述したい。

パスが日本文化に初めて触れたのは「庭」を通してであった。十九世紀末のフランスのジャポニスムに惹かれたパスの祖父が、日本人の庭師を雇っていたのである。父方の家族はみな親日派であり、メキシコの風景のなかでは特異な日本風の庭がパスの家を彩っていたのだ。それゆえパスは日本人を「偉大な庭師」だと思っていたという（「季刊 iichiko 特集オクタビオ・パスの文化学」）。

日本の詩、すなわち「俳句」へとパスの目を開いたのは、前出のメキシコの詩人、ホセ・フアン・タブラーダであった。

わたしが日本に関する事象の中で最も心を動かされたのは、メヒコの詩人、ホセ・ファン・タブラーダが、俳句を紹介した時です。俳句はわたしにとって、日本文化への実際の導き手だった。（同右）

パスはこう断言している。

タブラーダが亡くなった直後の一九四五年八月には、「ホセ・ファン・タブラーダの航跡」と題した追悼講演を行なっている。そのなかで、タブラーダは一貫して冒険への忠誠心をもっていたとし、「彼の詩には、好奇心、皮肉、凝縮力、敏捷性、新しくなったイメージの新鮮さなどの美徳が備わっている」「自然の事物をシンボルとすることから解放し、瞬間との対話に導いてくれた」と述べた（『俳句とジャポニスム』）。

パスは俳句を思わせる短詩を多く書いている。タブラーダの導きがあったその短詩型であるが、中でもその影響を感じるのは例えば次の句であろう。

四篇の短詩型から成る「不眠」から一篇。

時計がかじる　　ROE el reloj
私の心を　　mi corazón,
ハゲタカではなく鼠が　　buitre no, sino ratón.

タブラーダには、

時計が真夜中を
かじるよう　その響きは
鼠の長針

という詩句があり、パス作品はより心象的になっているのがわかる。次の句は芭蕉を思わせる。

日の盛り　　　PLENO SOL
この一刻は透明　　La hora es tranparente:
鳥が見えなければ　　vemos, si es invisible el pájaro,
その歌声の色が見える　　el color de su canto.（"EN UXMAL"）（「ウシュマルにて」）

紛れもなく、芭蕉の「海くれて鴨のこゑほのかに白し」が響いている。パス自身この詩をスペイン語に紹介しているのである。詠まれた場所「ウシュマル」はメキシコのユカタン半島にあるマヤ遺跡の古代都市で、そこにはピラミッドもある。パスの見ていた世界は「海辺」ではなく、乾いた大地であった。太陽の圧倒的な光に包まれて鳥の姿は消え、その歌声に色が見えるのだ。私自身もメキシコに旅したことがある。このピラミッドにも登った。あのとき不意に、少年の吹くもの悲しい笛の音が聞こえてきたことが忘れられない。確かにあれはパスの詠う鳥の歌声の色だった。眩い陽光の中、乾いた大地に千年を越えて立つピラミッド。そのはるかな空に消えていく鳥の姿。まったくの異文化のなかで、芭蕉と同じ共感覚を表現しているのである。

『内なる樹』のなかから二句。このころパスは芭蕉を読み直していたようである。

静けさ

月、砂時計——
夜がからになる
時刻は輝く

格言

静かな水たまりの泥
明日はちりとなって
道に舞う　（太田靖子訳）

詩人の心象風景が、凝縮された表現で鮮やかに描かれる。二句目は旧約聖書『創世記』の「おまえは塵であり塵に返る」を想起させると、『俳句とジャポニスム』の著者、太田靖子も指摘している。「格言」は、「ハイク」と異なるが、この「ちり」は命を宿すもののごとく描出されている。格言でありながら、俳句に近しいと言えるかもしれない。パスにとっての俳句は「生きた詩、再創造された詩的経験」であった。

パスの俳句へのオマージュは、次の詩に凝縮されているといえようか。

芭蕉庵

全世界が十七音節に
おさまり——
あなたはこの庵にいる。

丸太と藁葺き——
すき間から入ってくる
仏陀と虫。

松の木と岩の間で
外気でできた
詩が芽を吹く。

母音と子音の
織りあわせ――
世界の家。

幾世紀もの歳月を経た骨、
山脈――岩になった苦悩――
此処ではそれらに重みはない。

ぼくが言っていることは
かろうじて三行を満たす――
音節からなる小屋。

(『オクタビオ・パス詩集』真辺博章訳)

ホルヘ・ルイス・ボルヘス

アルゼンチンの小説家・詩人のボルヘス（一八九九―一九八六）に、俳句にまつわる短篇「作品による救済について」がある。写真入り紀行文集『アトラス』（一九八四年）の重要な終局。八百万の神々が出雲に集い、人類の存続について話し合っている。人間は「歴史の終焉となりかねない武器」を作り出した。こんな人間たちは滅ぼしてしまおう、という。ある神が反論する。一方で「十七音節という空間に収まる」ものも作り出したではないか、と。それならば「人間たちを生き長らえさせよう」と神々は合意する。俳句のおかげで人類は救われる、という物語である。紀行文全体の幕切れが俳句だったのである。英語著作、なかでもラフカディオ・ハーンに感銘を受けた彼は、自らも「十七のハイク」（一九八一年『命数』）を創作している。スペイン語から山本空子の翻訳、さらにそれを高橋睦郎が俳句化したもの四篇を以下挙げたい（『すばる』一九九九年十月号）。

夕焼くる山大いさよ失せにけり　（高橋睦郎）

何事かを伝えてくれた、
夕方と山とが。
もう忘れてしまったが。　（山本空子訳）

紘しづまり耳しづまりぬ朝は秋

弦はしずまった。
音楽は　私の感じていたことを
知っていたのだ。

帝國か螢か消ゆる燈蕊《とうじみ》か

あの消えゆく灯《あか》りは
帝国？
それとも蛍？

原詩は五七五音節の三行詩。高橋は、無季の詩句にも季語を補い、より俳句らしい格調を与えている。ボルヘスは実際、良き俳句には季語があるとし、『歳時記』という書の存在にも触れている。

その他にも俳句とは「一瞬の詩」「小さい事物の詩」「感覚の詩」であると述べ、「詩の目的は貴重な一瞬の持つ価値を認めること」だとする。興味深いのは「ウルトライスモ」という芸術理念の宣言以来、彼は「メタファー」こそが詩の根源的要素であると一貫して主張していたが、俳句との遭遇によりメタファー以外の詩的方法を見出したことである。それは対比による暗示的な手法であった。芭蕉のいう「取り合わせ」、ドナルド・キーンのいう「電極に似たものが二つあって、その間で火花が散る」のと似ているであろう。

ボルヘスはウルトライスモにおいて新しさを追求したが、次の俳句はウルトライスモ以後の彼の思いを伝えているのかもしれない

新月や女をろがむどの戸より　（高橋睦郎）

新しい月——
あの女《ひと》も　別の扉から
それを見ている。　（山本空子訳）

(五) ドナルド・キーンとオクタビオ・パス

二人の出会い

先にも述べたように、パスが俳句・連歌に名を残すことになったのには、ドナルド・キーン

が大きく影響していたのである。キーンはパスとの友情について幾度も触れているが、なかでも二〇〇二年十月の講演が目を引く。

一九五五年、京都留学を終えた氏は、コロンビア大学で教鞭を取るためにアメリカに帰国。その時友人を介して、当時国連に勤務していたオクタビオ・パスと知り合う。パスの作品を読んだことはなかったが、その人物にたちまち魅了されたという。彼の博識と人間性に感服し、「彼ほど国際人であり、同時にメキシコ人的なメキシコ人を私は知らない」と語る（「常軌を逸した東洋通」『太陽の石』）。

翌年にニューヨークで再び会った後も、二人は世界の各地で遭遇する。決して示し合わせたわけではないのに、まさに「運命のなせる技」で。インドのニューデリーでばったり行き合ったこともある。キーンは旅中で、パスがインド大使であることも知らなかったのである。その再会は非常に嬉しく幸運に感じた、と氏は語る。二人はアメリカのハーバード大学でも、イギリスのケンブリッジでも偶然出会った。パスも「運命の力だ」と言うほどに。

もちろん東京でもメキシコでも、「国際人」のパスとキーンは幾度も会った。だが二人は、実際に対面しただけではなく、それぞれの著書を通してこそ本当に出会っていたといえるかもしれない。パスとキーンは自著を献呈しあい、お互いすべてを読んだのだ。キーンはパス作品をスペイン語で読み、パスもキーンの書をすべて読破した。それだけでなく「時には私の文章を引用してくれた。もちろん、それは私にとってとても光栄なことであった」とキーンは述懐する。

今回、双方の著作を時系列に比較してみて、幾つかの発見があった。パスが明治開国後の日本文学における西洋文学の影響、という視点を獲得できたのはキーンの文章を通してではなかったろうか。

パスの俳句観

パスは「日本文学の三つの時代」(一九五四年)で、俳句について次のように述べている。

形式的に見ると、俳句は二つの部分に分けられる。一方は、詩の一般的な状況や時間的空間的な位置を示す(秋か春か、真昼か夕暮か、木か岩か、月か夜啼鳥《ナイチンゲール》か)。もう一方は稲妻のようなもので、動きの要素を含んでいなければならない。一方は、描写的であり、ほとんど列挙的である。他方は、意外性のあるもの。両者がぶつかることによって詩的なものが生まれる。俳句はその性質から、感情的でない乾いたユーモアを好む。また、芭蕉や蕪村や一茶に絶えず見られる、言葉遊びや擬音語や頭韻法をも。それは知的な芸術ではなく、常に具体的で非文学的でもある。俳句は眼前の現実を飛躍させることができるポエジーを内に持った小さいカプセルである。(太田靖子訳)

キーンが『日本の文学』のなかで俳句をどのように語っていたか、ここで改めて思い返してみたい。

　俳句は非常に短い詩形式であるにも拘らず、必ず二つの要素を含んでいなければならなくて（中略）その一つがその時の一般的な状態、（中略）もう一つがその瞬間の認識である場合もあり、要素そのものの性質にはいろいろあっても、俳句が有効であるためにはそういう電極に似たものが二つあって、その間で火花が散ることが要求されている。

パスとキーンの解釈には相通ずるものがあるといえるだろう。俳句には二つの要素があること、一つは一般的な状況であり、もう一つは動きや瞬間の認識であること。これをパスは「稲妻」と呼び、キーンは「火花」と表現しているのだ。

次にパスは芭蕉の「古池や蛙飛こむ水のをと」を取り上げ、三行にスペイン語訳し、次のように記す。

　一行目には静的な要素──古い池と静寂。二行目、静寂を破る蛙の飛び込みに対する驚き、これら二つの要素が出会い、詩的啓示が生まれるに違いない。この啓示は、詩がそこから生まれ出てきた、もとの静寂に戻ることから生まれる。ただ、今度は、その静寂は意味を背負っている。我々の意識は、同心円を描き広がる水のように、連想の絶えまない波のなかに広がらなければならない。短い俳句は、反響、こだま、感応の世界である。（太田靖子訳　傍点筆者）

これもまた、『日本の文学』でキーンの説く日本の詩を思わせる。「詩人の精神のうちで言葉は絶えずこういう二組の影像の間を往復」し、「互いに離れられるものではなくなっている二つの同心円を、言葉の上で描くことに成功している」。（傍点筆者）

さらにいえば、キーン著『日本文学の歴史』においては「古池や」の句についてはこう鑑賞されていたのである。

古池はその永遠なるものであるが、人間が永遠を知覚するためには、それをかき乱す一瞬がなければならない。蛙の跳躍、その一瞬の合図となった「水のをと」は、俳諧における「今」である。しかし、「今」が感知された瞬間に、古池は再びもとの永遠に戻っている。

以下は「俳句の伝統」（一九五七年）において、パスがキーンを引用して、次の俳句を鑑賞した文章である。

枯枝に烏のとまりたるや秋の暮

すなわちこの句の烏は一羽だったのか、また「秋の暮」が秋の一日の夕暮れなのか、晩秋のことなのか、という点である。キーンはこの曖昧性を芭蕉が意図したもの、という。パスはこれを受け、「不特定」であるがゆえにその選択は読者に委ねられていると記す。日本の詩人と画家については、イヴ・ボヌフォワの言葉を借りて語ることができるだろう。「〈不完全さ〉が頂点である。その〈不完全さ〉は、実際に〈不完全〉なのではなく、意識的な〈未完〉(“in-acabamiento”)なのである」と。

俳句が意識的な未完であり、その余情こそが俳句の本質であることを、パスはキーンの文章に読み取ったのであろう。パス訳の烏もまた一羽であり、三行目の「秋の暮」は「秋―夕暮」と両義的になっている。

パスは詩人の使命のひとつが俳句に存在していると指し示す。

芭蕉の詩は象徴的ではない。夜は夜でしかない。同時にそれは、夜以上のものである。が、それは定義されることを嫌い、名付けられることを拒否する。詩人がそれを名付けてしまえば、それは消えてしまうだろう。それは、現実の隠れた顔ではなく、反対にそれは、毎日の顔であり、どの顔にもないものでもある。俳句は現実への批判である。すべての現実のなかには、我々が現実と呼んでいるもの以上のものがある。同時にそれは、言葉への批判でもある。

優れた評論家でもあったパス。俳句の本質、さらに言葉の根源へと迫る、彼ならではの鋭い洞察であるといえよう。

『おくのほそ道』スペイン語訳

キーン英訳『おくのほそ道』は、冒頭部が一九五三年の『日本の文学』にまず現れていた。次いで一九五五年の『日本文学アンソロジー』では「一家に遊女もねたり萩と月」までが訳されたのは第一章で述べたとおりである。

一方のパスは、メキシコの日本大使館の外交官で友人でもあった林屋永吉と共に『おくのほそ道』の初のスペイン語訳を成した。この作品に魅せられたパスの念願であった。

共訳者の林屋永吉によれば、翻訳は次のように行われた（林屋永吉「パスと *Sendas de Oku*」）。まず林屋が日本語の原典の何章かをスペイン語に訳してパスに手渡す。次の引き渡しをするときに、パスは前回の原稿に手を入れたものを返す。場所や人物などの注釈は林屋の担当。二人は二、三週ごとに会っていたのだが、なかなか進まない。

一九五五年十月三十日。林屋がメキシコを発つ前夜、テキストの翻訳がようやく完成する。

そして一九五七年、パスによる序文、芭蕉の解説文、「松尾芭蕉の詩」と題する随筆を含む『おくのほそ道』スペイン語訳がついに世に出たのである。

「なんと見事な俳句の説明文だろうか。立派な分析と研究をふまえた見事なまでに明瞭な解説！」と林屋は感嘆する。しかし、俳句の訳は今ひとつ、といううらみは残っていた。

一九六八年、再び在メキシコ日本大使館勤務になった林屋は、パスを探しあて手紙を送る。パスの返信には「もっとクリーンでシンプルなスタイルを求めて、テキストを全面的に見直している」「俳句の伝統を記した新たな序文を加筆する予定」と書かれていて、林屋を喜ばす。

「ああ、今この作業のすべてを手がけて、いくつかの詩編を訳し直してみると（前のバージョンより数段良くなっているよ）、貴国へ戻りたいという想いが急に膨らんできます。それは、おそらく、松島の月を眺めることに芭蕉が抱いた渇望と同じ類のものでしょう」とパスの手紙は結ばれていた。

こうして二人は再び書簡で対話を続け、ついにパスの「俳句の伝統」と題する序文を加えた新たな原稿が届く。この序文は「素晴らしいの一言に尽き」、またさまざまな修正箇所も満足のいくものであった。パスが言っていたとおり「簡潔さと簡素さを達成」していたのである。俳句の翻訳にも改訂が施され、いずれも林屋も望んでいたものであった。

改訂スペイン語版『おくのほそ道』には、実は林屋の知る由もなかったのだが、キーン英訳の『おくのほそ道』も与っていたのである。一九五六年にニューヨークでパスとキーンが再会した時、パスが「私の訳と比較していた」と氏が振り返っているのである。三島由紀夫の『卒塔婆小町』もキーン訳で読んだパスは、メキシコで上演するためスペイン語に訳したいとも語っていたようだが、この件については実現しなかったようである。
林屋も喜ばしく思った改訂版であったが、ある一句についてはどうしても納得ができかねたという。それは次の句であった。

閑さや岩にしみ入蟬の声

初版訳では次のようであった。

静寂　　Quietud:
蟬の鳴き声　　los cantos de la cigarra
岩にしみ入る　　se hunden en las rocas.

ところが第二版では、以下のように改められていたのだ。

ガラスの休戦　　Tregua de vidrio:

蟬の鳴き声　　el son de la cigarra
岩を穿つ　　taladra rocas.

「ガラスの休戦」とは何だろう。ガラスのように脆い交戦休止の沈黙を意味するのだろうか。初訳はすでに申し分なかったのに、と林屋は訝しみ、懸念をパスに書き送る。パスからはすぐに返事が来た。もう修正するわけにはいかない。ヴァレリーも「異なる手段を用いて類似の効果を出さねばならない」と言っている、と改訳の理由も記されていた。二版の掲句の注釈の冒頭には「私の訳は奔放に過ぎたかもしれない……」とあり、五つの言語による翻訳を示し、さらにこう述べる。

私に「休戦」という言葉――静寂、閑静、平穏という言葉の代わりに――は芭蕉が体感した瞬間的な性格をより際立たせるのではないかという思いが閃いた。つまり、詩人の内面と同様に、自然界における停止と停戦の瞬間。この瞬間は沈黙であり、その沈黙は透明である。即ち、蟬の鳴き声は可視的となり、岩を貫通する。従って、「休戦」は沈黙の視覚的等価物である「ガラス」の休戦である。音が沈黙を貫通するように、イメージがガラスの透明体を貫通するのである。

「閑さや岩にしみ入蟬の声」の十七文字に対して、なんと雄弁であることか。この「閑さや」の訳は、詩人の熱い想いに裏打ちされ、翻訳の領域を超え創造に接近していたのである。

パスの解釈を読んだ林屋も、適切な一語を求めてパスがどれほどの熟考を重ねたかを知り、身震いするほどに深い感動を覚えたという。もっとも納得したわけではない。

「ガラスの休戦」訳は、改訂版に注釈付きで掲載され、波紋を呼びつつ今も生きながらえている。オクタビオ・パス版『おくのほそ道』は版を重ね、南米に広く流布し、足跡を残しているのである。

連歌・連歌師

詩人大岡信は「パスの庭で――オクタヴィオ・パスのために」という詩をパスに捧げている。その第一連は次のように始まる

Bashō の奥の細道から
Renga の言葉の八衢《やちまた》まで
日本といふ魚形《さかながた》した島の腹には
異邦の言葉に授精すべく
輪精管がいくつも潜んで横たはつてゐた

世界の未知の卵子を求めて

パスと俳句を語る上でもこの詩は示唆に富んでいる。パスを俳句へと導いたのはメキシコ詩人タブラーダであったことは先に述べた。それを第一の出会いとすると、第二はこの詩句にある通り、芭蕉の『おくのほそ道』、そして第三は、大岡信自身も主宰することになる「連歌」だったといってよいであろう。そしてドナルド・キーンとの邂逅はこの「芭蕉」と「連歌」双方に大いに関わりがあったのである。

一九五七年、アルゼンチンのブエノスアイレスで文芸誌『スル *Sur*』が近代日本文学の特集を組んだ。この雑誌は当時アルゼンチンだけでなく、ラテンアメリカ全体の文学活動を牽引していた。オクタビオ・パスは序文を執筆し、明治開国後の日本文学における西欧文学の影響について語り、変化する日本文学をラテンアメリカに紹介する意義を次のように記した。

文学の使命は他でもない、奇妙なもの、異質なものに馴染むことである。また私たちに奇妙さ、神秘、そして最も近いものの持つ克服しがたい「他者性」を示すことである。（井尻香代子訳）

つまりパスは、日本文学に親和性と同時に「他者性」をみているのである。この視座はどこからきたのであろうか。おそらくそのひとつはドナルド・キーンの著作である。『スル』のこの号にキーンが日本近代文学を概観する記事を寄せていることからもそれが窺われよう。そもそもキーンに寄稿を依頼したのが、友人パスであったのかもしれない。

大岡信が詩「パスの庭で」の中で「Rengaの言葉の八衢まで」と詠ったように、パスは俳句の源流のひとつ「レンガ」にも造詣が深く、連歌師としても名を馳せた。

その原点はキーンの著書をおいてないのではないだろうか。「オクタヴィオ・パスたちがレンガを試みたのは、『日本の文学』によって刺激されたからであるといわれている」と佐藤和夫も『海を越えた俳句』に記している。

連歌の受容に関しては、本書第一章の㈢㈣で述べたとおり、キーン著『日本の文学』『日本文学アンソロジー』両著にすでに解説が見られる。一九五〇年代前半のことである。日本の詩の特徴を語る上で、連歌がすでに選び出されているのだ。

キーンの連歌の解釈はその歴史から始まる。はじまりは八世紀の『古事記』にもみられるが、一般化したのは十一、十二世紀に遡る。連歌の第一歩は、五節の和歌形式を破り、三節と二節を代わる代わる詠むことで、ときには一万句を超える長い連歌も生まれ得たのである。こうして共同作業となった連歌は、宮廷人のみならず、武士や僧侶、町人の間にも広まっていく。

日本の連歌には非常に入り組んだ規則、つまり式目がある。この式目を守ったうえで見事な詩となっているのが宗祇、肖柏、宗長による『水無瀬三吟百韻』で、キーン氏はこの冒頭五十句の翻訳も試みていたことはすでに述べた。「私が知っている限りでは、欧米の詩にその意味で類例がない」と氏は断言している。今一度連歌への言葉を引用してみたい。

我々は連歌を絵巻物に比較してもいいかも知れない。我々は絵巻物のどの部分を見ても、そこには美しい絵があり、ただその全体を考えるならば、川を舟で下りながら眺める沿岸の景色に認められる程度の統一しかそこにはなくて、優れた連歌から我々が受ける印象もそういう景色に似ている。(『日本の文学』)

おそらくパスは、この文章を読んだであろう。一人孤独に書く詩。それはそれとして詩人にとって必須の時間、空間であり作品である。しかしその固い殻を打ち破るヒントを、パスは連歌に発見したのではないか。連詩でも連句でもなく「連歌」という単語を採用した真意がここにあるように思われてならない。そしてパスは勇敢にも言語・国境を越えて連歌に挑んだのであった。

パスは「動く中心点」というエッセイで次のように書いている。(後に自らも連歌から生まれた「連詩」でも国際的に活躍することになった大岡信の訳である)

連歌の実行は、魂や、自我の実在への信仰といった、西洋のいくつかの本質的概念を否定することを意味する。連歌が生れ育った日本の歴史の文脈には、創造主としての神の実在という観念はなく、魂や自我に関して幻想をいだくことも有害だとして拒否された。伝統的な日本においては、社会の細胞、その基本単位は、個人ではなく、グループだった。その上、仏教、儒教、神道は、それぞれのやり方で、自我崇拝と戦っていた。（中略）［連歌の］目的は個人の自発性を抑えつけることではなく、反対に、各人の才能が、他人にも自分自身にも害を及ぼすことなく発揮されるような自由な空間を開くことにあった。

西洋のいくつかの本質的概念、すなわち創造主という一神教の神に創られた個人の魂や自我を否定する行為が連歌だったのだ。それでもなおパスが惹かれたのは、人が集うことにより個が重圧から解き放たれ、それぞれの才能がむしろ自由な場で発揮されるのではないか、と期待したからであろう。

さて一九六九年三月三十日、メキシコ人のオクタビオ・パス、フランス人のジャック・ルーボー、イタリア人のエドゥアルド・サンギネティ、イギリス人のチャールズ・トムリンソンの四人の詩人はパリに集まった。そして四月三日まで五日間、サン・シモン・ホテル地下の一室で、ヨーロッパ人による初の連歌が巻かれたのである。連歌、連句、歌会や句会、吟行など和歌や俳句の伝統のある日本人にとって、集団の「場」で詠むことにそこまでの苦痛はなく、それどころか「嬉々とした競走的・遊戯的要素を内に含んだ集団の競技」とさえなり得る。だが、大岡信も、詩人は「個人の秘密の時間と場所において、秘密の祈禱にも似たやり方で詩を書く」と語っている。

それが連歌を巻くとなれば、「他人と同じテーブルを囲んだまま、丸見えの状態で」「自分自身の詩的創造行為のある種の秘密の鍵まで同席者たちにのぞかせてしまうことに通じる」「堪えがたい暴力的な内部への侵犯にほかな」らない暴挙となったのである。パスの言葉を借りれば、その行為は「カフェでいきなり素っ裸になったり、他人の目の前で排泄行為をしたりするのに似た言いようのない苦痛だった」となる。

彼らの連歌は一冊の本にまとめられた。英語版の『連歌─詩の鎖 *RENGA A Chain of Poems*』には、前述のオクタビオ・パス序文に続き、伝統的連歌の例として『水無瀬三吟百韻』が式目とともに丁寧に紹介されている。そしてソネット形式──四行、四行、三行、三行の十四行詩──で巻かれた連歌は、一から三が七篇、四は六篇、計二十七篇となった。

ホテルの地下の一室で始まった詩の冒険は、それぞれの胸に大きな波動と自負と感銘を残して閉じられる。名前こそ触れられていないものの、ドナルド・キーンの播いた種は、ここで花を咲かせ実りを得たのであった。

この挑戦がその後も繰り返されたことは大岡信著『連詩の愉しみ』に見られるとおりである。また大岡亡き後も様々な俳人、詩人──たとえば長年ドイツに在住した四元康祐や、作家辻原登、俳人長谷川櫂、歌人永田和宏による「歌仙」など──によって、国内外で連詩、連歌が広がっていることは特筆すべきだろう。今日「連歌」が俳句と共に世界各地で市民権を得ていることは、「レンガ」という言葉が各国で採用され、創作されている事実からもわかる。その立役者となったのはパスであり、その種蒔きをした一人はドナルド・キーンであったと言ってもよかろう。

アメリカ・ハイク協会の元会長コー・ヴァン・デン・ヒューヴェルは『ザ・ハイク・アンソロジー』序文で、キーンの名に触れている。

英語による俳句の本格的始まりは、戦後のアメリカで日本文化や宗教に熱い関心が集まった一九五〇年代である。占領により日本と接する機会が増え、宗教的芸術的充足を求める精神的な渇きから、芸術、文学、禅を中心に注目が集まったのである。アラン・ワッツ、ドナルド・キーン、鈴木大拙、ビート派の詩人、その他の人々が俳句への関心を呼び起こし、高めることに寄与した（後略　拙訳）

このように、海外への俳句の伝播を考えるうえで、キーンの著作及びその存在は、欠かすことのできないものだったといえよう。

ヨーロッパへの本格的な俳句受容が始まって約百二十年、その流れを主要人物とともにみてきた。ドナルド・キーンが西欧の俳句受容において、どのような位置を占めるかを示したかったのである。戦後現れたキーン著作は、アメリカ、ヨーロッパの詩人達に反響があった。前章において『日本の文学』『日本文学アンソロジー』で、俳句がどのように紹介されているかを述べたが、両書はヨーロッパでも重訳され、これに依って俳句を学んだ文学研究者は多かったのである。ブライスらが俳句を強く禅と引き結んで論じた一方で、キーンは日本文学史の流れのなかでフェアに語った。それこそがキーン俳句観の本領であったといえる。そして『日本文学の歴史』という大著を一九七〇年代から四半世紀書き継ぐことで、キーンは禅ブームの波も越え、地道であってもさらに日本の俳句、俳文、連歌観を更新し、世界文学として定着させる一翼を担っていくのである。

なお残念ながら本書では触れられなかったが、この他にも俳句にまつわる重要な人物として、ヨネ・ノグチをはじめ、アラン・ワッツ、サダキチ・ハートマン、リチャード・ライト、ダグ・ハマーショルド、トーマス・トランストロンメルなどが挙げられることを付記しておきたい。

第三章　ドナルド・キーンの俳句観の深化

(一)『日本文学の歴史』(全十八巻)

『日本の文学』(一九五三年)、『日本文学アンソロジー』(一九五五年)と書き継ぎ、一九九三年、ついにドナルド・キーンのライフワーク『日本文学の歴史』が成る。英語版は全三巻。日本語版は全十八巻。完結まで二十五年を要した大著である。

英語版一冊目、『近世篇　壁の中の世界　*World Within Walls*』の刊行は一九七六年、二冊目の『近代・現代篇　西洋への夜明け　*Dawn to the West*』は一九八四年。最終巻の『古代・中世篇　人の心を種として　*Seeds in the Heart*』は一九九三年。一九六四年に構想を得てから四半世紀を経て大団円を迎える。

一九七六年刊の『近世篇　壁の中の世界』は、時代順では第二巻に当たるが一巻より先に出版され、その中でも最初に執筆されたのは「第一章　俳諧　俳諧連歌のはじまり　Chapter 1 HAIKAI POETRY : The Beginnings of Haikai No Renga (Comic Linked Verse)」であった。『日本の文学』『日本文学アンソロジー』でもすでに連歌や俳句は論じられていたが、『日本文学の歴史』では論がさらに深まっている。

芭蕉以降の俳句に特に通じていたキーンは、その源流を一六〇〇年から一七七〇年代の俳諧連歌から説き起こしている。俳句の歴史を連歌から厳密に描くことで、文学史の中で生まれるべくして生まれた俳句、その芸術的位置、また評価を確立したかったからであろう。日本語版では「連歌は、室町時代の最も代表的な文学形式である」とあるが、俳諧連歌は英語版では「滑稽な連句 comic linked verse」であり、「エレガントな宮中の遊びから始まった The art of *renga* (linked verse) originated as a kind of elegant parlor game」とされている。この軽妙な才を競い合うだけであった連歌から十五、六世紀の連歌師が誕生し、連歌の“opening verse (始まりの詩)”つまり発句が生まれたことが述べられる。

そして松永貞徳から談林俳諧へ、やがて芭蕉に至る。キーンはここで最も敬愛する芭蕉の生涯を俳文、紀行文、俳句を織り込みつつ綴る。当時の資料を駆使した綿密なもので、芭蕉文学の全貌が見渡せる評伝となっている。また芭蕉が日記や手紙を多く残した、と記していることも覚えておきたい。何句かドナルド・キーン訳の芭蕉の俳句も書き留めたいと思う。

さまぐ〵の事おもひ出す桜かな
How many many
Memories they bring to mind—
The cherry blossoms.

芭蕉野分して盥《たらひ》に雨を聞《きく》夜哉
Bashō tree in the storm—
A night spent listening to
Rain in a basin.

野ざらしを心に風のしむ身哉
Bones exposed in a field—
At the thought, how the wind
Bites into my flesh.

いずれも三行詩として訳されている。また行頭が大文字となっていること、切れ字をダッシュや感嘆符で表現していること、ピリオドを使用していることなどが見てとれる。正確であるのはもちろんのこと、頭韻など韻律が整い詩的であることに心が砕かれている。

個別の俳人についてどのように紹介されたかについては、このあと㈢で取り上げたい。

㈡『日本の俳句はなぜ世界文学なのか』

「キーン先生は、それはそれは心の温かな方でした」

ブルガリア人日本文学研究者であるツベタナ・クリステワ氏はそう繰り返された。一九八五年、彼女がブルガリア語に翻訳した『枕草子』は本国でベストセラーになり、今も版を重ねている。クリステワ・キーン共著『日本の俳句はなぜ世界文学なのか』（以下『日本の俳句』）に感銘を受けた私は、氏にインタビューを申し込んだのである。こんなエピソードから始まった。冷戦時代のブルガリアでのこと。ある日、クリステワ氏の元にキーン氏から著書が届いたという。

「『古典の愉しみ *The Pleasures of Japanese Literature*』でした。一度日本でお会いしただけだったのに、私のこと覚えていてくださったんです。自由が当たり前のあなたには想像もつかないでしょう。一九八〇年代のブルガリアで、外国から物が届くことがどんなに難しいことだったか、ありがたいことだったか！　わからないでしょう。ほんとうに感激したのよ。私たちは壁に囲まれて生きていたんだから。あなたも知っているでしょう、先生には *World With-*

in Walls という題のご本があるわよね。この書名はまさに当時の私のことだったのよ。この書名だけでも、ああ、自分のことだ、とどれだけ感動したか！」

私は驚いた。*World Within Walls*。文字通り訳せば「壁の中の世界」。日本語ではこの本はただ『日本文学の歴史　近世篇』となっている。英語版では近世、つまり江戸時代の日本の鎖国がこの題名で示されているのだ。「W」を三つ重ねた頭韻で鎖国が表現されている、私はそうとしか考えていなかった。冷戦下の文字通り「壁に閉ざされた世界」で、この書名をわがことととして共感、共振し、日本文学を学んだ人がいたとは……私は本のもつ力、ドナルド・キーンという人物の大きさを感じ、クリステワ氏との出会いに改めて感謝したのだった。

芭蕉の宇宙

ここからはインタビューとともに、ドナルド・キーンとツベタナ・クリステワとの共著『日本の俳句』も参考にしながら書き進めていきたい。本書は二〇一三年十二月、福岡ユネスコ・アジア文化講演会で行われた二人の講演を書き起こした五十ページほどの著書である。

枯枝に鳥のとまりたるや秋の暮

「私が俳句の世界に魅了されたのは、この句とキーン先生の解釈のおかげです」。私はこのクリステワ氏の言葉に喜んだ。私も同様だったのである。まずはきっかけとなったこの芭蕉句から始めたい。

掲句をキーンは「卓越した力量の証明、不思議な魅力にあふれた最初の傑作」であるという。「寒鴉枯木」の絵画を俳句に置き換えたもの、と研究者たちは概括するが、それ以上のものがあると氏は説く。

> 枯枝に下りた鳥は瞬間の観察であり詩中の「いま」であり、それは静寂のうちに迫りくる秋の夜のとばりへ向かって等号を引かれている。枯枝と鳥は、助け合って互いにその心象を明確にしているが、照応は単なる修飾のためにあるのではない。一致して、時の中にありながら時を超えた瞬間を創造するための照応なのである。
> （中略）句の景は一幅の墨絵にも似ている。ものみなが晩秋の日の暮れかたの昏冥《こんめい》の中に色を失いつつあるとき、一羽の鳥の黒い姿が、葉の散りはてた枯木の枝にたたずむ。名作の墨絵のように、そこにはどんな色も表現できない色が再現されている。秋の暮れの枯寂、そして枯枝の上にある鳥の憂いに満ちた凝集の強さが、一瞬でありながら永遠に消えることのない情景を構成する。（『日本文学の歴史　近世篇』）

なんと美しく正鵠を射た解釈だろうか。私も改めてこの句の奥行きを知らされたが、クリステワ氏も心を打たれたと語る。
ところでこの句の下五「秋の暮」をキーン氏が「晩秋の日の暮れかた」としていることが注目される。秋の暮とは晩秋なのか、夕方のことなのか。氏もどちらか迷っていたことが、今回さまざまな資料を調べるうちに判明した。全集にも収録されていない以下の山本健吉との対談で、キーンは「秋の暮」について山本に以前質問したことがある、と語っている。

キーン　昭和三十年頃でしたが、初めて山本先生にお目にかかったころでした。
山本　私も覚えています。
キーン　そのとき、どこかで「秋の暮」の意味はある日の夕方である、と説明されてありました。私はどうしても晩秋という意味もあるだろうと思ったんですが、幾ら探してもその意味をあげる注釈書を見付けられなかったんです。幸い、しまいに山本先生のご本にそういう意味もあると書いてあったので、私は大いに喜んだのです。
山本『源氏物語』にすでに秋の暮、春の暮というのは混乱があるんです。許六がある断定を下したんですけれども、その断定は間違いなんですね。芭蕉に「秋の暮」という発句が幾つかあって、日付を考えてみると、そのうちの大半は晩秋の句だということを申し上げたかと思います（「俳句世界の伝統と現代」『翻訳の世界』）。

キーンが、どの注釈を見たのかは特定できない。しかし『芭蕉全發句』の山本健吉の解を繙くと、芭蕉の最初の句集『泊船集』で掲句には「秋のくれとは」の前書が添えられていた、と記されている。「題に答えるような気味で、枯枝に烏のとまった景色が、すなわち『秋の暮』の気分であると言っているのだ」。

なお「秋の暮」は、当時暮秋・秋夕の両方に用いられた、気分本意の曖昧な季語であるが、『東日記』には「秋晩」の題下に出ているが、秋の部の最後に出ていることからも、他の例句の情趣からも、暮秋の意味に受け取っているようだ。『山之井』(季吟)は「九月尽」の項に挙げている。だが『曠野』では、編者(荷兮)がこれを秋夕の意に取って分類している。

山本は「秋の暮」について、右のように書いている。ところが、高浜虚子編『新歳時記』(初版一九三四年)には「秋の夕暮と同意で、秋の夕暮をいふ。清少納言が『秋は夕暮』と極賞して以来、秋の日暮は詩人などには特に親しまれてゐる」となっており、この「枯枝に」が例句として筆頭に掲げられている。山本は虚子がこう「断定」したことを「そんなことを個人が断定するのは僭越の至りで、ちゃんと歴史的に意味は動揺しながら両方に使っている」、そう申し上げた、と答えている。

この解釈を踏まえた上で、キーンの鑑賞に再び立ち戻ってみれば、「秋の暮」がこれ程の文章で彩られようとは圧倒される。

私も水墨画を少し囓ったことがあるが、「墨に五彩あり」と言われる。濃墨、中墨、淡墨、さらに潤筆、渇筆などで色合いや雰囲気まで描きわけるのだ。この文章もまさに五彩で秋の暮の憂いを描き分けている。

クリステワ氏は「秋の夕暮」には和歌の伝統も響いているであろう、と『新古今集』の三夕の歌を引用し、キーンの論を裏づけている。

さびしさはその色としもなかりけり真木たつ山の秋の夕暮れ　寂蓮《じやくれん》法師
心なき身にもあはれは知られけりしぎ立つ沢の秋の夕暮れ　西行
見渡せば花も紅葉もなかりけり浦の苫屋の秋の夕暮れ　藤原定家

この三首には「秋の夕暮」の「あはれ」が描かれており、芭蕉の俳句もまたその「あはれ」を凝集したものである、と。

このように鑑賞された芭蕉句のキーン訳は次の通りである。

On the withered branch
A crow has alighted——

Nightfall in autumn.

「秋の暮」はNightfall、つまり「夕暮れ」と訳され、晩秋とはなっていない。あえて晩秋は心象だけにとどめたのか、語の選択に悩んだのではなかろうか。

もう一点見逃せないのは烏が単数であるか、複数であるかという例の問題である。訳文の二行目では「A crow」と単数、烏は一羽となっている。キーンは「寒鴉枯木」の絵には、一羽のものと複数羽のものが存在すると認識していた。芭蕉自身が描いた絵は二種あったのだ。翻訳の時点で、烏が複数である絵の存在を知っていたかどうか定かではないが、キーン自身にとっては烏は一羽であったのであろう。詩のなかの枯寂と憂い。「時を越えた瞬間」を創造するのは、一本の枝――枝も単数形である――に止まる一羽の烏でなければならなかったのだろう。

そしてこのキーンの解釈を踏まえて読み直すと「『晩秋の日の暮れかたの昏冥《こんめい》の中に』ものが『色を失いつつある』枯枝の烏が、目に浮かんでくる。「陰翳の世界、想像の瞬間」と、クリステワ氏は言う。これは「時を越えた瞬間」であり、「これこそが俳句のエッセンスであり、その無限の世界の秘訣なのではないでしょうか」と述べるのだ。

古池や蛙飛こむ水のをと

世界で最も有名な芭蕉の句といえば、間違いなくこの句であろう。古来蛙は日本人にとっては美的な存在である。紀貫之が『古今和歌集』「仮名序」で「花に鳴く鶯、水に住むかはづの声を聞けば、生きとし生けるもの、いづれか、歌をよまざりける」と記したとおり。ただし掲句では「蛙の声《かはづ》」ではなく、蛙が飛びこむ瞬間なのである。外国人にこの蛙は何匹かと尋ねると、一匹という人より幾匹も――なかにはアメリカ人など「pond」から湖のように大きな「池」を想像して、何百匹と答える人もいる。しかし美意識に鑑みて、多くの日本人にとり蛙は一匹であるだろう。

芭蕉の名句の多くは、永遠なるものと瞬間的なものを同時にからめとっている。この場合、古池はその永遠なるものであるが、人間が永遠を知覚するためには、それをかき乱す一瞬がなければならない。蛙の跳躍、その一瞬の合図となった「水のをと」は、俳諧における「今」である。しかし、「今」が感知された瞬間に、古池は再びもとの永遠に戻っている。

(『日本文学の歴史　近世篇』)

「水の音《をと》」は永遠と出会う瞬間を意識させる瞬間、この音によって読者の心にこの瞬間が刻まれる役割を担っているのだ。

閑さや岩にしみ入蟬の声

クリステワ氏がこの句を好きになったのも『日本文学の歴史』のキーン解釈によるという。

主題は「閑さ」である。しかし、それを知るためには音がなければならない。山寺の静寂は、絶え間ない蟬の音によって乱されているが、ふと鳴きやんだ一瞬には、岩にしみ入るばかりの静かさである。

（中略）永遠なるものと瞬間的なものを対比させることによって、芭蕉は、このあとも繰返し十七文字の中に宇宙を創造することに成功している。しかも、それは、句を鑑賞する人が、俳諧のこの二要素の間に横たわる空間を埋めるという創造的行為をなしえたときに、はじめて達成される効果である。（前掲書）

永遠と瞬間という二つの電極に火花が散ることで生まれた名句なのであった。その効果が生み出されるわざがこの句には秘められている。それは「音」である。

俳句の音

「キーン先生と講演会をすることになったとき、俳句の話題であれば、ぜひとも先生の発見なさった俳句の『音』の話をなさってください。素晴らしい発見ですから、とお願いしたのです」

とクリステワさんはインタビューで話してくださった。

「私も俳句の『音』は大発見だと思います。とても驚きました」

「そうでしょう。だから私もぜひお話しくださいと申し上げたの」

再びこの句に注目、いや耳を澄ましてみたい。

閑さや岩にしみ入蟬の声

山本健吉・キーン対談では、英訳にあたり音の効果を意識して幾度も推敲し、初出時から練り直したと語っている。

How still it is!
Stinging into the stones

The locusts' trill

この新訳では子音「st」が意識的に多用されている。ところで掲句はローマ字表記すると、以下のようになる。

shizukasa ya iwa ni shimi iru semi no koe

shi-i-ni-shi-mi-i-mi と七音の「I音」が重ねられ、蟬時雨が聞こえてくるかのよう。記録によれば芭蕉はこのとき蟬の声を聞いていないのであるが、この文学的音こそ、この句を名句にしたゆえんであろう。英訳では、「I音」の代わりに「st音」という無声破裂音で蟬の声を表したのである。

クリステワ氏は講演会で、音の効果について芭蕉以外の句も取り上げている。

ながながと川一筋や雪の原　野沢凡兆
naga naga to kawa hitosuji ya yuki no hara

十七音のうち「A音」が九も響く。春の訪れとともに雪が溶け始め、雪の原が広い川のように見えてくるのはこの「A」の音の効果でもある。

梅一輪一輪ほどのあたたかさ　服部嵐雪
ume ichi rin ichi rin hodo no atatakasa

音の連続により、時間の流れが映像化される魅力がある。「一輪」の反復は梅が目の前で咲き始めるかのようである。「ほどの」の三つの「O音」は開花の継続を表示し、下五の「あたたかさの」五つの「A音」は広がりを感じさせ、梅の花が次々と咲く景色を想像させてくれる。

感覚の合流　「目で聞く、耳で見る」

海くれて鴨のこゑほのかに白し

この句についてキーンはまず、五七五の破調について述べている。芭蕉は中五、下七を入れ換えて「ほのかに白し鴨の声」ともできたのに、敢えてこの形にしたのである。「鴨の声」を強く響かせるためには、どうしても破調、句またがりでなければならなかったのだ。単に定型を無視して奇を衒ったのではなく、必然だったはずである。

完全に自然な表現が、それ自体の調子を得た好例である。暮れゆく冬の海の暗さを背景に、ほの白い微光が鴨の声の印象を支えている。絶妙の効果であり、同時に読む者を感動せずにはおかない一句である。(『日本文学の歴史　近世篇』)

さらに氏は、この句には「聴覚と視覚との微妙な連関」があると述べる。「鴨の声」という聴覚は、「ほのかに白し」と視覚に転換されているのだ。

石山の石より白し秋のかぜ

芭蕉の好む色「白」がこの句にも神秘的に生かされている。ここでは視覚が触覚へと転移され、それによって「眼前の光景に対する詩的体験は、より高度なものへと押し上げられる。秋風のひやりとした冷たさが、石の肌の冷たさを呼び起こす」と、キーンは評する。翻訳にも工夫が凝らされているのが分かる。

Whiter, whiter
Than the stones of Stone Mountain——

This autumn wind.

「より白くwhiter」という言葉が二度繰り返されている。「より白く、より白く」と白が印象づけられている。次には「石stone」がさらに二度、「石の山の石」。秋の風の「風wind」は、再びwhiteと同じWで始まる。この風は石山の石より、より白く、さらに深く神秘的なまでに白く冷たいのである。

菊の香や奈良には古き仏達

古都の印象は、古雅にして高貴な菊の香と、金箔のところどころが剝げかかり、ほこりをかぶった仏像にこめられている。嗅覚から視覚への転移、そして二つの感覚の融合が、過去の中に生きる古い都をあざやかに蘇らせるのである。（前掲書）

フランス十九世紀の詩人ランボーは詩「母音」で、「Aは黒、Eは白、Iは赤、Uは緑、Oは青」と謳った。キーンは芭蕉の共感覚的表現は、これに二百年以上も先駆けていると驚きを示す。

クリステワは、共感覚も含むキーンの俳句解説を次のようにまとめている。

キーン先生による俳句解読の大きな特徴の一つは、表現の美を解き明かし、その美の世界に読者を招き寄せたことにあると思います。そもそも、文学は「言葉を戯れさせる芸術」であり、詩歌はその極致です。世界で最も短い詩形式である俳句が宇宙を描き出すことができたのは、一つにはそこに日本語の莫大な表現力がこめられているからです。

キーン先生の解釈のなかで私を読者として最も魅了し、研究者として最も刺激したのは、「目で聞く、耳で見る」というような感覚合流の効果の分析です。

そして以下にその例を、芭蕉以降の俳人たちの例句で辿っている。

ほととぎす鳴くや雲雀《ひばり》と十文字　　向井去来

これは「耳で見る」句。雲雀が「縦」に、ほととぎすが「横」に飛んでいて十文字を成すかのよう。それに気づかせてくれるのは鳴き声なのである。

涼しさや鐘を離るる鐘の声　　与謝蕪村

俳画の絵師としても優れていた蕪村の言葉による絵。肌で感じる「涼しさ」と耳に聞こえる「鐘の声」は「鐘を離るる」という聴覚的描写でありながら視覚映像ともなっている。読者には見えないはずの「鐘の声」が見え、「涼しさ」も感じられるのだ。

虫ほろほろ草にこぼるる音色かな　　三浦樗良

「ホロホロ」「コボルル」という語は日本語に多い擬音語、擬態語を思わせ、まるで顕微鏡のように、草の中で忙しく動いている虫たちの姿が見えてくる。そして「音色」という言葉は、言葉の響きも美しく、虫たちのマイクロコスモスの音の趣も同時に伝えてくれるのだ。

インタビューでクリステワ氏に、「誰の句が一番お好きですか」と伺うと、「一茶です」との答え。小さき者、生きとし生けるものへの温かな眼差しがお好きなのだという。一茶の二万句のなかから一句。

露の世は露の世ながらさりながら　　小林一茶

幼い一人娘を亡くしたときに一茶が詠んだものである（この下五も「A」音の重なりである）。共著『日本の俳句』では、この句は一般的に「諸行無常の世の中においては、人の命も儚いものだと心得ているものの、それにしても……（悲しすぎます）」と解釈されている、と語られる。しかしそれ以上に人生の哲学として読めるのではという。「さりながら」は「意味のある生き方の始まりでもあるのではないでしょうか」とクリステワ氏は発言する。「さりながら」の精神に気づかせてくれたのも、俳句の世界に惹き入れられたのも、キーン先生のおかげです、「先生、本当にありがとうございました」と『日本の俳句』の二人の対話は締めくくられる。

クリステワ氏が真の意味で俳句、芭蕉に邂逅したのは、キーンを通してであった。文字通り壁の内に閉ざされていたからこそ、かもしれない。

二人の講演録を読み、さらにクリステワ氏にインタビューしてから『日本文学の歴史　近世篇』を読み直すと、私にとっての芭蕉も、また別の視点から新鮮に見えてきた。芭蕉もまた「壁の内にいた人」であったのだ。江戸時代の鎖国の日本では、国外は言うに及ばず、国内でさえ現代と比べると移動は制限されていた。旅をするには通行手形が必携であり、各地には関所も設けられていた。制約があったうえで、元禄文化といわれる文化が花開いたのである。知っているつもりではあった。しかし江戸時代の芭蕉と、冷戦下のヨーロッパとを重ねようなど思ってもみなかった。旅人芭蕉のもつ重みが迫ってきたのであった。

(三)『日本文学の歴史　近代・現代篇』における俳句

白水 図書案内

No.922／2022-6月　令和４年６月１日発行

白水社　101-0052 東京都千代田区神田小川町 3-24／振替 00190-5-33228／tel. 03-3291-7811

www.hakusuisha.co.jp/ ●表示価格は消費税 10%が加算された税込価格です。

ブリュッセル効果　EUの覇権戦略

——いかに世界を支配しているのか

アニュ・ブラッドフォード

庄司克宏監訳

四六判■６３８０円

ブレグジットから欧州ポピュリズムまで、果たしてＥＵは衰退しているのか？　実証研究が浮き彫りにしたＥＵの驚くべき世界支配の実相。

後期ローマ帝国史Ｉ

——帝国の勝利

マイケル・クリコフスキ

阪本 浩訳

四六判■６３８０円

ハドリアヌスからコンスタンティヌス朝までの、衰退と見られてきた時代を、改革を試み内外の危機に対応した、勝利の時代として描く。

米露諜報秘録1945―2020

冷戦からプーチンの謀略まで

ティム・ワイナー［村上和久訳］

インターネットとソーシャルメディアを駆使したプーチンの政治戦とは？『CIA秘録』の作家が歴史の深層、諜報活動、サイバー攻撃を究明！

（6月下旬刊）四六判■3300円

シャルル・ドゴール伝（上・下）

ジュリアン・ジャクソン［北代美和子訳］

中立かつ客観的な視点から、「二十世紀の巨人」の脱神話化を試みる。英国の世界的権威による決定版。ダフ・クーパー賞ほか多数受賞。

（㊤既刊 ㊦6月中旬刊）A5判■㊤㊦各8800円

フランス革命史

自由か死か

ピーター・マクフィー［永見瑞木・安藤裕介訳］

なぜ革命は起きたのか？ また革命は誰にとってのものだったのか？ そして革命が残した遺産とは？ 世界的権威が描き切った「全史」。

（6月下旬刊）四六判■5280円

新刊

帰りたい

カミーラ・シャムジー［金原瑞人・安納令奈訳］

ロンドンで暮らすムスリムの3人姉弟の末っ子が、聖戦の戦士だった父に憧れ、イスラム国に参加する。姉たちは弟を救い出そうとするが……。

（6月下旬刊）四六判■3190円

［レーマン演劇論集］ポストドラマ演劇はいかに政治的か？

ハンス＝ティース・レーマン［林 立騎訳］

ブレヒト、ハントケ、イェリネク……ポストドラマ演劇から「政治的な正しさ」について考える。演劇理論の泰斗を代表する10編を収録。

（6月下旬刊）四六判■4400円

鶴屋南北未刊作品集 第三巻

鶴屋南北・直江重兵衛篇

古井戸秀夫［編］

過去の全集未収録四作品を軸に、随筆や書翰、俳諧の摺り物などを加え、南北工房ともいうべき文政年間の劇壇を席巻した親子の文業を俯瞰。

（6月下旬刊）A5判■31900円

『日本文学アンソロジー』（一九五五年）での俳句に関する記述は、第一章で述べたとおり江戸時代まで。芭蕉から蕉門派の俳人たちで終わっていた。『日本文学の歴史　近代・現代篇』巻では、明治以降の俳句について多く加筆されている。

キーン文学史を読むとき、私の脳裏には決まって「フェアネス」という言葉が浮かんでくる。フェア、つまり公正で偏りのない態度である。もちろん今まで見てきたとおり、「伝道師」である氏にも、文学者及びその作品に対して明らかに好み、「偏愛」と呼んでいいものがある。しかしその「偏愛」から外れるものを語るときでさえ、キーンは常にフェアなのである。文学史上の意味や意義を認め、読者に偏見を与えたりしないのだ。

「近現代の俳句」についてのキーンの鑑賞は、まさにフェアである。以下俳句観を概観したい。俳句の革新者、正岡子規から始まる。

正岡子規

近現代の俳句史を正岡子規から起こしたのは、自然な流れであろう。キーンは改革者を好んで書く人なのである。子規はまさに改革者。『獺祭書屋俳話』で子規はまず、「和歌も俳句も正に其死期に近づきつゝある者なり」と断言する。「俳句は已《すで》に尽きたりと思ふなり。よし未だ尽きずとするも、明治年間に尽きんこと期して待つべきなり」

このように怖じず臆せず持論を展開する子規に、キーンは惹かれている。子規への眼差しが温かいのは、後年子規の評伝を著したことからも明らかだが、今はこの時点で語る子規に注目しよう。

〈芭蕉批判〉

子規が痛烈に芭蕉を批判したのは、よく知られている。「芭蕉の俳句は過半悪句駄句を以て埋められ上乗と称すべき者は其何十分の一たる少数に過ぎず。否僅かに可なる者を求むるも寥々晨星の如しと」。芭蕉に佳句はほとんどない、と言い放つ。

しかし、キーンは子規の真意を見逃さない。これは徹底的な芭蕉批判にみえながら間接的な称讃である、というのである。子規は芭蕉を批判する際、「文学」という言葉を用いているではないか。芭蕉は崇拝の対象として祭り上げられるのではなく、文学者として分析されるべきである。「悪句」は悪句と認め、文学的価値を一句ずつ論じるべきだ。子規はそう言っているではないか、と指摘する。

少ないながら子規が名句と認めるのは、たとえば「古池や蛙飛こむ水のをと」で、「俳諧の歴史上最必要なる者」と評す。子規は「言葉で伝えられない神秘がある」など印象論的には語らず、芭蕉は暗示という手法を用い、町の喧騒から離れた古池の静けさを「静」という語を用いずに言い得ている、というのだ。キーンはこういう子規の論旨は「西洋の学者に見られるような正確さをもって展開されている」と評す。

子規が熱愛したのは『万葉集』であり、芭蕉も佳句には日本文学に欠けた「雄渾豪壮」の要素がある、とする。子規は「武士道精神」を重んじ「根本的にロマンティックでない」ため、詩歌の勇壮な要素を評価したのでは、とキーンは推論する。この点を強調するのは、西欧の階級社会を鑑みた上でのことかもしれない。

〈蕪村発見〉

さて、もう一点忘れてならないのは、子規が俳聖芭蕉ではなく「俳人蕪村」を称讃したことだろう。蕪村は芭蕉に匹敵する、いや凌駕する存在、と言い切る。蕪村には「積極的美」がある、「概して言へば東洋の美術文学は消極的美に傾き、西洋の美術文学は積極的美に傾く。若し時代を以て言へば国の東西を問はず上世には消極的美多く後世には積極的美多し」と言うのである。

芸術に「消極的」「積極的」の語を当てること自体目を引くが、芭蕉が本質的に消極的であるのに対し、蕪村は積極的であるとしたのは興味深い。蕪村には「積極的」季節夏の句が多く、なかでも牡丹の句が多い。「若葉」も然り。キーンは、子規が蕪村の西洋的積極美を好み、その官能的な美しさ、生気、個性の表現を見出し、当時埋もれていた蕪村を発掘した功を讃える。

〈俳句と写生論〉

子規による「写生論」は俳句の革新を語るうえで、重要なテーマのひとつだろう。子規に西洋画の「スケッチ」という概念を伝えたのは、友人の中村不折であった。画家で書家の不折は、西洋にはスケッチという手法があることを説いた。画家たちはそれまで、アトリエに籠もって絵を制作していたのである。題材は主に貴族たちの肖像画や、聖書、神話、歴史上の英雄たち。その画家たちが戸外に出て、自然を描き始めたのである。「外光派」と呼ばれる後の印象派へと繋がる流れである。

そのなかの一人イタリア人の画家アントニオ・フォンタネージは、いわゆる「お雇い外国人教師」として来日し、スケッチの概念を日本人画家に伝えたのであった。物事を見たままにスケッチ、つまり写生すること。不折と話し合うなかで子規はこれを文学に適用しようと思い立つ。そして俳句の「写生論」は、明治期には死に絶えるかと目された俳句に新たな息吹を吹き込むこととなる。

子規はさっそく戸外に出て、目につくものを次々と写生し、俳句にしていく。こうして詠んだ俳句は明瞭で絵画的で、子規を師とする俳人たちに浸透していったのである。キーンは「写生句」の例句として、

初秋の石壇高し杉木立

低く飛ぶ畔の螽《ふなご》や日の弱り
春風にこぼれて赤し歯磨粉

を挙げている。「二十世紀における俳句復興の指導者」と子規を位置づけたキーンは、後に『百代の過客』、また評伝『正岡子規』を著し、子規と生涯向き合うことになる。

それについては後述するとして、ここでは近現代俳句が『日本文学の歴史』にいかに描かれたかの概観を続けたいと思う。

子規の二人の弟子　河東碧梧桐と高浜虚子

代表作『日本の文学』『日本文学アンソロジー』の執筆に際し、キーンは既存の文学観に従うことはなかった。あくまでも自分の目で作家、作品を見極め、自らの評価軸を提示する。生涯その姿勢を貫いたのである。その目は、『日本文学の歴史　近世篇』で俳句、俳人を語るときも揺らがない。河東碧梧桐と高浜虚子を語るうえでも比重は公平である。

三十四歳で夭折した子規の後継者は愛弟子の碧梧桐と虚子と目された。しかし苦楽を共にした二人はやがて袂を分かち、別々の道を歩むこととなる。

碧梧桐は子規の写生は踏襲したものの、定型を良しとせず、『新興俳句への道』を著し、独自の道を切り拓く。五七五の定型を破り、口語調を取り入れるなど近代性を追求したのである。

彼の「自由律俳句」を継いだのは、荻原井泉水《せいせんすい》である。そのほか井泉水との出会いから俳句に進んだ尾崎放哉。さらに種田山頭火、中塚一碧楼《いっぺきろう》といった人々が『日本文学の歴史　近代・現代篇』に名を連ねる。しかし次第に碧梧桐は求心力を失い、やがて俳句界からの引退を宣言したのであった。

一方の高浜虚子は、俳句界を牽引していく。子規の存命中は後継者となることを拒み、子規を落胆させ、子規の死後も俳句ではなく写生文を書くなど、俳句界を離れていった虚子。その虚子は碧梧桐の凋落を見極めたかのように俳句に戻る。

鎌倉を驚かしたる余寒あり
Cold of winter,
Still lingering, has astonished
All Kamakura.

一九一四（大正三）年の掲句についてキーンは、「刺激的でなく、近代的な要素もまったくない」と書く。だが保守性を尊ぶ信念こそが虚子を虚子たらしめたと、言うのである。その信念を掲げているのが次の句である。

春風や闘志いだきて丘に立つ
In the spring wind,
Nursing my fighting spirit,
I stand on a hill.　　一九一三（大正二）年

こうして虚子は、俳壇の新たな指導者として、俳句を急成長させてゆく。

子規の友人柳原極堂が、子規の名に因んで松山で創刊した雑誌『ほととぎす』（後に「ホトトギス」と改名）。虚子はそれを引き継ぎ、柱としていく。誌上ではすでに漱石の『吾輩は猫である』、次いで『坊っちゃん』、伊藤左千夫の『野菊の墓』などが大ヒットし、小説の発表の場としても名高かった。だが虚子は散文から俳句に軸を移し、『ホトトギス』は俳誌として確固たる地位を築いていく。以後俳句界の代名詞ともなるほどの影響力をもつようになる。『ホトトギス』の巻頭を飾るのは、虚子に俳人として認められるということであり、俳人の競い合う場と目されたのである。

虚子は俳句を「一種の古典文芸」であるとし、近代的なものを廃する。定型を守り、四季を友とし、「花鳥諷詠」を旨とした。自然を歩き、愛で、見たままの「客観写生」に徹する。それは師の子規の教えを虚子流に進化させたものであった。

この教えは多くの人の共感を得、「ホトトギス派」は隆盛を極める。俳句人口は飛躍的に伸び、キーンの言葉を借りれば「大衆の文学」となったのだ。キーンは、友人の国文学者小西甚一を引用する。虚子は「子規がうち建てた『俳句』の理念を、もう一度革新以前の『俳諧』に逆もどりさせたのである。さらに換言するなら、子規が第一芸術にしようと努めたものを、第二芸術にひきもどしたのである」。

事の成否はともかく、キーンがこの論に共感しているのが文脈から読み取れる。この「第一芸術」「第二芸術」は無論、戦後の一九四六年、桑原武夫の発表した「俳句第二芸術論」に依拠するのであろうが、キーンのこの論に対する態度については、後ほど項を改めたい。

近現代の俳句評論

キーンの文学史は、文学理論を軸とするのではなく、一人一人の文学者に焦点を当て、作風を語り、その群像から歴史を導き出す手法をとる。各人の作品を丁寧にたどり、彼らの個性と魅力を引き出すのである。誰の、どの句を抽出するか、その選にキーン文学史の妙があると言ってもいいだろう。

執筆にあたり、キーンが内外の文献を渉猟するのには定評があるが、近代俳句を評する上で殊に参照したと思われるのは、山本健吉『現代俳句』と小西甚一『俳句』（後に『俳句の世界——発生から現代まで』と改題）の二冊である。例句や解釈も両書に基づくと思われるが、決してそれのみに頼っていないのは、キーンがそれまでも自分の目を信じて日本文学を紹介してきたことで推して知るべしであろう。

山本、小西とは、個人的にも親交を結んでいる。小西甚一『日本文学史』にはその経緯が記されている。

京都留学中の一九五四年、上京の折。当時京都—東京間は列車で七時間半、読みものを忘れたキーンは、駅の本屋で偶然『日本文学史』という小さな本を見つけたという。二百ページ足らずの小著であったが、感銘を受ける。そして作者にぜひ会いたいと、小西を小石川原町（現・白山）の自宅に訪ねたのであった。二人は鍋焼きうどんを食べ、意気投合したとのこと。

一九一五年生まれで少し年長の小西を「私の蒙を啓いてくれた恩人」とキーンは記す。『日本文学史』には、鉛筆で線を引くなど多くの書きこみがあり、「私がこの小さい本からどんなに大きな影響を受けたか」を語っている。小西のその後の著作『俳句——発生から現代まで』からも、大きな示唆を得たとしている。

芭蕉、蕪村、一茶を継ぐ世代の俳人たちがどのように紹介されたのか。これは今日、世界にどれほど「ハイク」という詩型が知られているかを鑑みると、キーンと人との出会いは私たちにとっても興味の尽きぬことではないだろうか。

次いで、碧梧桐、虚子に連なる「ホトトギス派」の俳人たちをみたい。

ホトトギス派の俳人

虚子を主宰とした『ホトトギス』は、著名な俳人を輩出する。綺羅星のごとく並ぶ俳人たちのうちから、キーンが初期「ホトトギス派の俳人」として絞りこんだのは、以下六人、村上鬼城、飯田蛇笏《だこつ》、原石鼎《はらせきてい》、前田普羅《ふら》、杉田久女、日野草城である。

〈村上鬼城〉

村上鬼城は、武家の出身であったこと、また耳疾があり、十人の子どもを抱えての貧困生活にあったことが記されている。壮大な句世界は描かないが、「潔い人柄と、苦しみに打ち勝つ武士道精神」が称えられているのである。

冬蜂の死にどころなく歩きけり

The bee in winter
Walks around, nowhere for him
To lie down and die.

〈飯田蛇笏〉

自然主義文学を読み耽った文学青年蛇笏。その彼が東京を後にして帰郷し、学問とは縁を切って「田舎の地主」の生活を選んだことが描かれる。しかし彼はやがて一旦は縁を切った文学、それも『ホトトギス』の中心的な俳人となっていく。新しさも古さも超越し、芭蕉の不易を具現した俳人、との小西甚一の評が引用されている。蛇笏の言葉の使い方は一風変わっているため「翻訳が難しい」というのは、蛇笏句を日本語で読んできた私たちにも興味深い。

芋の露連山影を正しうす
Dew on the taro leaf:
The chains of hills and mountains
Correctly range their forms.

「正しうす」が、正しく並ぶ correctly range と訳され、句の輪郭が際立っている。

〈原石鼎〉
虚子が「新しい俳人」の中で最も優れているのは鬼城、蛇笏、原石鼎としたうちの一人、石鼎。彼の名を一躍高からしめたのは次の句であった。

頂上や殊に野菊の吹かれ居り

The crest of the hill——
The camomiles especially
Are blown by the wind.

山本健吉や中村草田男《くさたお》の解釈を介し、キーンも解説を試みているが、「われわれにとっては単に情景の観察にしか思えない作品」であり、「俳句の伝統の外側にいる者が俳句を分析しようと試みるときの問題を考えずにはいられない」としている。

〈前田普羅〉

普羅の経歴について強調されているのは、彼が「生涯旅人」であったことである。国内では列車の旅をよくし、時には韓国や台湾にまで足を伸ばす。そして駒ヶ岳、浅間山、瑞牆《みずがき》山など名高い山の「音楽」を聴きとり格調の高い句を詠んだ、とする。自然の壮大さだけではない。「人間に対する関心」も大きかった。自然と人間、双方への関心を盛り込んだ句として挙げられているのは次の句。

冬海や人岩に居て魚を待つ
The sea in winter——

A man sitting on a rock
Waits for a fish.

〈杉田久女〉

ホトトギス「四天王」といわれた鬼城、蛇笏、石鼎、普羅に続いて、杉田久女が取り上げられているのが目を引く。俳史上、女性俳人は芭蕉の弟子斯波園女《そのめ》、また加賀千代女らが辛うじてみられるだけで、久女は「百何年ぶりかに現われた優れた女流俳人」と紹介されている。

足袋つぐやノラともならず教師妻
I darn my husband's socks——
I became not Nora
But a teacher's wife!

久女句で最も人口に膾炙した一句であろう。ノルウェーの劇作家イプセンが一八七九年に発表した『人形の家』。主人公ノラは苦悩の末、夫を置いて家を出る。女性の自立を問うた問題作である。そのノラに憧れながらも、久女は「一枚の画も描かず、田舎教師に堕《お》ちてしまった」夫から離れられない。「ダイヤを捨て、馬車を捨て、芸術家の夫に嫁した」というのに、と嘆くのである（橋本多佳子「久女のこと」）。
『ホトトギス』で毎月巻頭を争うほどの個性的な句を発表していた久女であったが、その過程で多くの敵を作ってしまう。「奔放な性格、自惚れの強さ」「周りに自分を合わせることを拒否する態度が災いして」、一九三六（昭和十一）年、彼女は『ホトトギス』から除名される（ドナルド・キーン『日本文学の歴史　近代・現代篇』）。

田辺聖子『花衣ぬぐやまつわる……――わが愛の杉田久女』には、久女が悲願の句集出版を虚子に許されず、それどころか突如除名の憂き目に遭ったその苦しみが、克明に描かれている。いわゆる「久女伝説」は虚構であるとし、彼女の一途さと才能を称え、汚名を雪ぐ物語となっているのである。だがこの時点でのキーンの見解は、山本健吉をはじめとする当時の久女への評価に依っているようだ。芭蕉以降女性俳人としてただ一人、キーンの英語著書で紹介されたことは、せめてもの彼女への追悼といってよいかもしれない。

〈日野草城〉

「ホトトギス派」の俳人の六人目は久女と同時に『ホトトギス』を除名された日野草城である。近代的意識をもつ彼は、俳句改革を試みた人であった。写生にとどまらず虚構を取り入れたことでも知られる。最も俳句界を賑わせたのは仮構の連作「ミヤコ・ホテル」十句である。キーンの例句は次の一句。

うらゝかな朝の焼麺麹《トースト》はづかしく
In the radiance
Of morning the breakfast toast
Is somehow shaming.

京都のホテルでの新婚夫婦を詠ったこの連作を、室生犀星は絶賛したが、久保田万太郎、水原秋桜子《しゅうおうし》、中村草田男らは一斉に批判する。草城句はこの後、実験的連作や無季句という、ホトトギス派とは相容れない方向に向かう。雑誌『旗艦』を立ち上げ、久女と時を同じくして『ホトトギス』を追われることとなったのであった。

以上、鬼城、蛇笏、石鼎、普羅、久女、草城、六人が「ホトトギス派の俳人たち」として束ねられている。いずれも個性的で作風の異なる俳人であり、自ら俳誌を創刊するなど、実力派揃いであった。

ホトトギスの代表的俳人を称す「四S」という言葉がある。水原秋桜子、山口誓子、阿波野青畝、高野素十、頭文字が「S」の四俳人。「東に秋・素の2S」「西に青・誓の2S」あり、と山口青邨が名付けたのである。

同様に代表的女性俳人として「4T」がある。中村汀女、橋本多佳子、星野立子、三橋鷹女、四人の「T」。キーンは「4S」「4T」の称のいずれも採用していない。まとめて語るのではなく、一人一人例句を挙げつつ解説するのである。六人のうち久女と草城は後に『ホトトギス』を除名されており、ここにキーンのホトトギス派への本意が隠されているのかもしれない。キーンはこう記している。「伝統的な形式と言葉づかいの中に新鮮な要素を垣間見せる『ホトトギス派』の俳句」と。微妙な含みを感じないだろうか。

ではこの後ホトトギス派に対抗することとなった俳人たちを、どのように論じているであろうか。

『ホトトギス』を去った二俳人　秋桜子と誓子

〈水原秋桜子〉

一度は虚子に師事しながら、『ホトトギス』と決別した秋桜子について、キーンは子規以外の近代俳人の中で最も多くのページを割いている。

秋桜子は、原石鼎の俳句に惹かれて『ホトトギス』に移り、ホトトギスの登竜門であった雑詠欄に入選するようになる。例会にも出席し、虚子にも会う。良きライバルとなったのは、後述する山口誓子であった。二人はやがて俳句の改革者として大きな存在となる。

秋桜子についてキーンが特筆するのは、「調べ」を重要視した点である。調べとは換言すれば「音」であり、キーンが芭蕉の句の音に着目していたことが思い出されよう。秋桜子の「出来るだけ抑揚をとり入れて、調べを自在にすることを心がけた」という文章を引用している。秋桜子の第一句集『葛飾』は俳句の近代化を考える上で記念碑的な句集であった。しかし虚子は次のような感想を口にしただけであったという逸話は俳句界では有名であろう。

「たつたあれだけのものかと思ひました」

虚子はこうして秋桜子を斬ったのである。秋桜子の方も、虚子に序文を依頼しなかった一点からも推し量れるように、すでに『ホトトギス』を離れる決意を固めていたのであろうが、虚子は追い討ちをかける。『ホトトギス』誌上で秋桜子が客観写生を守っていないことを痛烈に批判したのだ。

秋桜子は『ホトトギス』を去り、評論「自然の真と文芸上の真」を主宰誌『馬酔木《あしび》』に発表して反撃する。「文芸上の真」は自然の正確な描写にとどまらず、俳人の個性を表すものであり、ホトトギス派がしていることは「自然の真」にとどまり「甚だ非近代的」という論旨であった。

キーンはこの評論は内容よりも『ホトトギス』に挑戦状を叩きつけたという点で歴史的な意義があった、と位置づける。秋桜子主宰の『馬酔木』には、俳句の新時代を告げるかのように若い俳人が集まる。最年少の同人石田波郷《はきよう》は十九歳、平均年齢実に三十歳であった。

とはいえ、秋桜子は無季俳句は認めなかった。碧梧桐らが志した「新傾向俳句」とは異なり、有季定型を守った上での調べを大切にした俳句改革であった。

春惜むおんすがたこそとこしなへ
馬酔木咲く金堂の扉《と》にわが触れぬ
啄木鳥《きつつき》や落葉をいそぐ牧の木々

キーンは、これらの秋桜子句の美しさについて小西甚一の「地上のものではない」、また山本健吉の「在来の俳句的情趣から抜け出て如何に斬新な明るい西洋画風な境地を開いてゐるか」「これらの新鮮な感触に満ちた風景画が、それ以後の俳句の近代化に一つの方向をもたらしたことは、特筆して置かなければならない」と、両者の言葉を引いている。その上で一つの助詞で醸し出される効果や、「一見客観的描写が実は作者にとって個人的な意味をもつ様子などを翻訳で表現するのは残念ながら不可能に近い」とも書いており、日本人の読者が読み取るものは「西洋の読者の想像を遥かに超えているにちがいない」としている。

〈山口誓子〉
秋桜子と親交を深め、共に俳句の近代化に寄与した人物として山口誓子がいる。いわゆる前出の「4S」の一人である。高校在学中から俳句を始め、東大俳句会の結成メンバーとなる。

そのころから多くの作品が『ホトトギス』に掲載され、また秋桜子と『万葉集』を研究し、俳句改革を目指した。

一九二二（大正十一）年、京都の句会で虚子に俳句を一番に読み上げられた誓子は、その「いつくしみの眼」に「くぎづけ」になったという。（因みに一九二二年はキーンの生年でもある。つまりこの近代俳句の改革運動は、キーンの幼年時代から始まっていたのであり、彼にとって決して古びた歴史上の出来事ではなかったことを心に留めておきたい）

第一句集（一九三二〈昭和七〉年、『凍港』は誓子が少年時代を過ごした樺太の冬が主たる舞台である。典型的日本の風土を離れ、樺太の寒々としたロシア人居留地を描く俳句は鮮烈であった。

凍港や旧露の街はありとのみ
The frozen harbor—
Nothing to look at now but
The old Russian town.

誓子の扱う題材が近代的・異国的であったことも注目を集める。蒸気機関車、ダンス・ホール、スケート場、ラグビーのホイッスル、事務所のタイピスト、株式総会、メーデーの行進。

そして主観は交えない。あくまで写生に徹し、個人的な感情は抑制したのである。最も名高い句は恐らく次の一句であろう。

夏の河赤き鉄鎖のはし浸る
River in summer:
The end of a red iron chain
Soaks in the water.

山本健吉は「この見捨てられた無気味な風景をとらえた作者の詩情は鋭い」と評した。西東三鬼は「誓子俳句五千余句から一句だけを選べと命じられた時、今日立ちどころに私が振りかざすであろう一句」、平畑静塔は「この誓子の夏の河十七文字の小詩をいかなる他の文芸が云い尽くすことが出来よう」と絶讃している。

ただ一人、金子兜太は、この句の「没批判性」を非難している。キーンも、外国の読者にはこの句を絶讃する理由は理解しがたいであろう、と書いている。「長編小説でさえ十分に表わせない内容がこの十七文字の中に込められているのだとしたら、ここには明らかに通常の文学批評では立ち入ることのできない謎がある。かといって『裸の王様』の新しい洋服だと言ってしまうのも行きすぎだろう」と、当惑を忌憚なく述べている。

しかし、一九八六年NHK教育テレビでの兜太との対談で、キーンは誓子の句が好きである、と認めている。掲句については「厳密に定義できない、何か暗い悲劇的なものを感じさせますね」と述べる。「私は俳句に明るいものとか私たちを笑わせるものは、あまり求めてないようですね。何か私の深いところまで訴えるような力のある俳句が私にとって一番いいと思います」と現代俳句のもつ陰影とその可能性を示唆している。

後期ホトトギス派

キーンが「後期ホトトギス派」として選んだのは川端茅舎、松本たかし、長谷川素逝であった。病弱で、宗教的であることが印象付けられている。

〈川端茅舎《ぼうしや》〉

川端茅舎の両親は東京で芸者置屋をやっていた。茅舎は不遇な芸妓らに同情し、生家の職業を罪深く思う繊細な少年であった。彼は仏教に救いを求め禅を学ぶ。画家の道を志すものの、病弱であるため断念。病と闘いながら俳句、それも『ホトトギス』へと傾倒していった。トルストイやサミュエル・スマイルズの『西国立志編』、さらに仏教のみならずキリスト教のイメージも句に生かしていく。「花鳥諷詠への殉教」とさえ言われた茅舎の代表作は露をモチーフとした次の句であろう。

金剛の露ひとつぶや石の上
A single dewdrop
A diamond of hardness
Lies on the stone.

露は人生の儚さを表す伝統的な語であるが、この句の露の強さというパラドクシカルな描き方が新しい。茅舎に露の句が多いのは、病弱であっても精神的な強さを持つ自画像が、露と重ね合わされているのかもしれない。

〈松本たかし〉
松本たかしは茅舎と並んで評されることが多い。能役者の家に生まれながらも病身ゆえにその道を諦め、『ホトトギス』で活躍したのである。

遊女屋の使はぬ部屋の秋の暮
Nightfall in autumn
In the room at the brothel

Nobody uses.

〈長谷川素逝〉

素逝は、出征した中国で病を得、帰国後も床に就いたまま死に至る。砲兵将校であった彼の戦争俳句は戦場の悲惨を伝え彼の名を高からしめた。(キーンは素逝句は訳出していない)

「人間探求派」の俳人たち

キーンのペンは、次いで「人間探求派」と呼ばれる俳人三人へと移っていく。

〈中村草田男〉

草田男は父の赴任地、中国の厦門《アモイ》に生まれたが、育ったのは『ホトトギス』誕生の地、松山であった。東京帝国大学の独文科に進んだものの神経衰弱となり、休学。その時に斎藤茂吉の短歌に出会って詩歌に目覚め、『ホトトギス』に投句するようになる。しかし草田男句と虚子のいう「花鳥諷詠」には天と地ほどの隔たりがあった。草田男には写生にはとどまらない自己を表出した句が多いのである。また西洋美術に造詣が深く、一種の西洋的感性が見受けられる。西欧文化に呼応する句を氏は何句か挙げている。

月光の壁に汽車来る光かな
On the moonlit wall
A flash of sudden light
As a train approaches.

キーンは、汽車が近づいてくるのを音ではなく光で感じ取っている、とする。月光を浴びた壁と、接近する機関車のライトが照らし出す光の変化。「印象派の絵のような手法」と述べている。

燭の灯を煙草火としつチエホフ忌
I used a candle flame
To light my cigarette:
Chekhov's anniversary.

「どこか北ヨーロッパの薄暗い部屋のようだ」とキーンは記す。チェーホフの忌日、七月十五日を季語と取らなければ無季句。小説的な雰囲気の句であり、草田男は小説家志望の文学青年の多くを俳句に導くこととなったのであった。

勇気こそ地の塩なれや梅真白
The courage to go on—
That is the salt of the earth:
Pure white plum blossoms.

「地の塩」は聖句であるが、草田男はニーチェの信奉者であって信仰が反映されているわけではない、とキーンはいう。（といっても後年、草田男は今際の際にカトリックの洗礼を受けている。ヨハネ・マリア・ヴィアンネが洗礼名。もちろんキーンの本著執筆時はそれ以前であった）。掲句は学徒出陣する教え子への手向けの句であるが、これが戦争に殉ぜよ、死ぬ勇気を持て、という意味であるのか、反戦の含意があるのか、ここではどちらの解釈もあり得る。キーンは「このような曖昧さはまさに俳句の特徴」という。

草田男作品は日本人の評者にさえ「難解派」と呼ばれており、「外国語に翻訳するのは不可能と言ってよい」とキーンを悩ませている。

〈加藤楸邨〉

父親の病気のため高校進学を諦め、教員免許を取得し中学校の教員となった楸邨。近代短歌を詠んでいたが、俳句に転向。秋桜子と出会うことでさらに俳句を志すようになる。彼の勧めで上京し、大学に進む。一九三七（昭和十二）年、盧溝橋での日中両軍の衝突から日中戦争が勃発した年である。戦況は悪化していくが、彼の句は直接的な反戦ではなく、戦争が自分の内面にもたらした変化、どう生きるべきかという「『人間的』な問題」、自身の「深い思想の投影」としての社会が詠まれていく。

俳誌『寒雷』の創刊で、彼は「俳句の中に人間の生きることを第一に重んずる。生活の真実を地盤としたところの俳句を求める」と宣言した。花鳥諷詠といった美しい自然よりも真実を希求し、人間性を強調する。その作風は戦後、金子兜太や沢木欣一らを惹きつけた。

キーンが本著以外でも幾度も触れることになる楸邨の戦争中の句は次のものである。

　火の奥に牡丹崩るるさまを見つ
　　In the depths of fire
　　I saw how a peony
　　Crumbles to pieces.

一輪の牡丹が炎のなかに燃え上がり、崩れていく自然の描写かのようである。しかしこの句には、「五月二十三日、深夜大編隊空襲。病臥中の弟を負ひ、妻と共に一夜道子と明雄を求めて火中彷徨」との前書きがある。空襲のなか逃げ惑う生々しい一夜の体験だったのである。火にくべる牡丹が崩れるごとく、炎に焼け落ちていく都市。阿鼻叫喚。キーンは感動的な句であると述べる一方で、この前書きがなければ句の背景は読み取れず、俳句の十七文字のみの理解の難解さの証左とする。

〈石田波郷〉

松山出身の石田波郷も、草田男、楸邨と共に「人間探求派」と呼ばれる。十九世紀の西洋小説を広く読んだ波郷であるが、彼は小説家の横光利一に予言されたようには小説家とはならず、俳句を極めた。彼は「俳句は私小説」として句作に向かう。とはいえ俳句は詩的でなくてはならない。何もかも説明してしまうのではなく、「文学ではない」、つまり「他の文学形式とは別の、特別な世界を持っている」と波郷は語ったのである。

召集令状を受け中国に出征するも、肋膜炎により除隊され、帰国。以後長らく病を養う。その苦しみの中でも波郷の句には「元禄俳諧の精神」が生き続けている、とキーンは記す。空襲で焼け野原となった東京での耐久生活の句も、それに通ずるとみなされたのかもしれない。波郷の病中吟も同様である。

雪はしづかにゆたかにはやし屍室《かばねしつ》

The snow is quiet,
Abundant, precipitous:
The mortuary.

結核の大手術を終えた入院中の波郷。その病室から少し離れた霊安室を見つめていると、はげしい雪がそれを覆い隠してゆく。

この句について山本健吉は、「療養所や病院の死体安置室ほど寒々とした部屋はない。（中略）殺風景な一室で、親しかった者たちが通夜をする。その通夜風景であろう。（中略）死者との訣別に、心うち沈んだ人たちを囲んで、無心の雪は、静かに、豊かに、迅《はや》く降りしきっているのである」。

波郷は死体安置所を外から眺めていたのであるが、山本は室内で通夜をする場面と捉えたのである。山本は、自句自解と異なることはままあることとして『去来抄』にまで触れている。キーンもまた、波郷句の「（山本の）解釈が間違っているわけではない」と擁護する。

俳句の曖昧さは短さ、言葉の省略、そして「説明」の少なさから生じるが、それがさまざまな解釈を可能にする。波郷が俳句を好んだのもまさにこういった理由からで、誤解の余地のない明白な事実を伝えたかったのなら俳句を選びはしなかっただろう。

明瞭で理路の通った表現を好む欧米の読者は、この逆説的所論をどう受け取るのであろうか。

新興俳句弾圧事件・京大俳句事件

平和をなにより尊び、歴史・社会と文学を不可分のものとして論ずるキーンが、戦時中の「新興俳句弾圧事件」または「京大俳句事件」を重視していないようにみえるのには、やや意外の感がある。もちろん触れていないわけではない。しかし強調はされない。

新興俳句運動は、抒情の回復と俳論の水準を高めることに意を注ぎ、新しい俳句を目指すことから始まった。ところが一九四〇(昭和十五)年、これを伝統破壊、危険思想とする特高警察により、『京大俳句』のメンバーをはじめとする俳人が治安維持法違反容疑で検挙されたのである。レジスタンスというべき抵抗運動でも、明確な政治的意図を持つものでもなかったにもかかわらず、標的となったのである。

「秘密警察は取り締まるべき対象がなくなると、無辜《むこ》の市民をいくらでも検挙して、彼らの位置の無意味化を防ぎ、職の安全を計る。『京大俳句』に始まった新興俳人の大量検挙は、理由のないところに理由を捏造した官憲の極悪行為であり、新興俳人はその哀れな犠牲者だ」と、山本健吉は総括している。(山本自身これより十年ほど前、日本共産党に入党。特高に約一か月勾留された苦い経験があった)

『日本レジスタンス俳句撰　*Haïkus de la Résistance Japonaise*（*1929–1945*）』の序文で俳人のマブソン青眼氏は、この事件をさらに詳述している。検挙の時期は一九四〇年二月から一九四三年十二月まで九波に及び、四十四名が検挙される。ほとんどは留置所で数か月間の尋問、あるいは拷問。自白を強要される。そのうち十三人が懲役二年、執行猶予三年ないし五年の刑を受けた。

対象となったのは『京大俳句』『広場』『土上』『日本俳句』『俳句生活』『山脈』『きりしま』『宇治山田鶏頭陣会』『蠍座』、その四十四名の俳人である。（マブソン青眼は、四十五人目として作家で翻訳家のキク・ヤマタの夫、画家・俳人のコンラット・メイリも含められる、と書いている。彼もまた一九四三年十一月、妻のキクと共に特高に逮捕され、四十日間勾留、暴力を受けたのである）『京大俳句』の井上白文地、平畑静塔、渡辺白泉、西東三鬼、『土上』の嶋田青峰、秋元不死男らはその中でも名の知られた存在であろう。彼らの多くは句作を捨て、俳句から身を引いた。俳誌も廃刊に追い込まれる。獄中で持病の結核が悪化して死に至った嶋田青峰。八か月の留置の後に退職を余儀なくされ、応召、ソ連軍の捕虜となって消息を絶った井上白文地。人生を狂わされた俳人が多数いたことを忘れてはならないだろう。

前述のとおり、山本健吉もこの事件について悲憤の文章を残してはいる。それでも、俳句史においてこの事件はそれほど検証されてこなかったように思われる。それゆえキーンの目にも止まらなかったのかもしれない。俳句を虚子のいうように「極楽の文学」としたのかもしれない。しかしキーンが平和を尊重する姿勢は動かず、この事件の詳細を知っていれば、筆をふるったのではないだろうか。

この事件のころ海の向こうでは、キーンがアーサー・ウェイリー訳『源氏物語』に出会って戦争のない世界に憧れ、日本語を学ぶべく海軍日本語学校に入校。ハワイに海軍情報士官として赴任していた。ガダルカナル島で戦死した日本兵の日記の詰まった箱を見つけて読み耽ったのも、この新興俳句弾圧事件の時期と重なることを記しておきたい。

戦後の俳句

〈西東三鬼〉

西東三鬼もまた新興俳句弾圧事件の被害者であった。

一九四〇（昭和十五）年八月、『京大俳句』の一員として検挙される。二カ月以上の勾留後、起訴猶予となるも、以後五年間句作を封印することとなった。

キーンは近代俳人としての西東三鬼の句風は、どの流派とも異なる洗練されたもの、という。また三鬼が二十代の数年間をシンガポールで歯科医として生活したことを強調する。外地での生活を楽しみ、（キーンは「外国に住む多くの日本人と違って」という一節を挿入している）さまざまな外国人と親交を結ぶが、反日運動の高まりと自身の腸チフス罹患により、帰国のやむなきに至る。帰国後は職のあてもなく「祖国にいながら異邦人のような気持ちで暮らしていた」。そ

んな時に出会ったのが俳句だったのである。三十歳という遅いスタートであったが、三鬼は句作にのめり込む。初期の作、

寒夜明け赤い造花が又も在る
A cold night's dawning:
That red paper flower
Is still there today.

これについて山本健吉は、「外国人が使う語法を無視したブロークンな日本語に近い」と、その独特な語法をエトランジェのような感受性、と評している。

やがて『京大俳句』に入会して自由な雰囲気の中で頭角を表し、「俳句の魔術師」という異名を得る。しかし戦時中の特高による逮捕後筆を折ったのは、先述の通りである。戦後句作を再開、シュルレアリスム的な句やニヒリズムを感じさせる句を発表する。

暗く暑く大群衆と花火待つ
In the dark and heat
I wait for the fireworks

Along with the crowd.

戦火や空襲にあい、「音と光にはこんりんざいこりこりの筈なのに」それでも華麗な花火を見ようという期待が「暗く暑くふくれあがつてゐる」。自分には「現代社会の象徴のやうに思はれ」たと、三鬼自ら解き明かしている。

〈沢木欣一〉

沢木欣一については「能登塩田三十句」からの一句が挙げられている。

塩田に百日筋目つけ通し
In the salt fields
One hundred days of raking
Lines in the sand.

塩田の過酷な労働の情景が活写され、欣一自身の言う「社会主義的イデオロギー」のある句といえよう。秋桜子や誓子に絶賛された作品群であった。

〈金子兜太〉

兜太は、当時すでに無視できない存在となっていた。小西甚一は次のように言う。「金子兜太は前衛俳句の代表的作家であると同時に俳壇随一の論客であって、ブルドーザーさながらの馬力で論敵を押しつぶす武者ぶりは、当代の壮観といってよい」。

その上で彼の句が自分には分からない「独り合点」であるとし、パウンドのイマジズム、またその源泉である芭蕉の「配合」にまで遡る論を展開し、兜太を批判している。その趣旨は、パウンドは「重置法」を発見し、詩に応用したのには俳句との出会いがあった。これによりイマジズムという文学運動が起き、転生を重ねながら西洋現代詩に根づく。これが日本の現代詩にも及び、その表現を採り入れたのが前衛俳句である、という。「芭蕉が世界一周の旅」をしてきたようなものであるから、前衛俳句も直接に芭蕉に学ぶべきではないか、というものであった。

山本健吉も、兜太の「俳人は社会性を自覚しなければならず、社会問題に対する意識をはっきり示さなければならない」という主張に対し、イデオロギー的アプローチに強く反駁している。

キーンの見解もまた要約すれば、兜太をはじめとする前衛俳人は、複雑な思想を俳句という「短い形式に押し込める」ために難解であり、社会にメッセージを発信できるのだろうか、とやはり懐疑的なのである。キーンが実際に兜太と会い、友人となるのは遠い先のことであった。

以上が、明治期の子規から、キーンの同時代俳人たちの概観である。現代俳句が兜太や欣一句のように、内容が深刻で技巧的であることにキーンは苛立ちを隠さない。かつて山本健吉が俳句は「情趣の芸術」ではなく「認識の芸術」であること、「十七音の固有の形式を通して思想に到達する手段である」こと、と同時に滑稽、挨拶、即興であることとしたが、戦後の俳句にこれらの特徴は無いではないか、と。キーンはこう結ぶ。

昭和二十一年に桑原が予言した俳句の没落は起こらなかったが、俳句が詩形として生き残るかどうかは謎のままである。昭和三十四（一九五九年）の高浜虚子の死は『ホトトギス』派の中だけでなく、俳壇全体に大きな空白を残した。百万人以上の愛好家によって支持されている芸術を、下り坂にあると評することはできないかもしれない。しかし俳句が、日本文学の中で伝統的に占めていた重要な位置を取り戻す兆しは今のところほとんど見られない。

（『日本文学の歴史　近代・現代篇』）

芭蕉、いやそれ以前の連歌から説き起こし、現代の金子兜太までを論じてきたドナルド・キーン。その未来について一九八四年に執筆した本書では、「重要な位置を取り戻す兆しは今のところほとんど見られない」と結論づけたのであった。キーンは、本当に俳句について悲観していたのであろうか。もうひとつ別の側面から俳句に光を当ててみたい。

㈣ 桑原武夫の「第二芸術――現代俳句について」

「第二芸術――現代俳句について」

第二次世界大戦後、評論家・フランス文学者の桑原武夫は『世界』の一九四六（昭和二十一）年十一月号に、「第二芸術――現代俳句について」を発表した。イギリスの批評家I・A・リチャーズ『実践批評』（一九二九）の手法を用いた俳句批評であった。

このいわゆる「俳句第二芸術論」は戦後の俳句界に衝撃を与え、激しい議論を呼ぶ。近代俳句を語る上で欠かせない論として、キーンもまたこの論文に注目した一人である。

桑原は、当時の俳壇の大家たちの十句、無名作者の五句を無作為に――実は作為を感ずるが――を並べ、これらを識別できるかと有識者に問うたのである。挙げたのは以下の十五句。

芽ぐむかと大きな幹を撫《な》でながら　阿波野青畝
初蝶の吾を廻りていづこにか
咳《しはぶ》くとポクリッとベートヴェンひびく朝　中村草田男
粥腹のおぼつかなしや花の山　日野草城
夕浪の刻みそめたる夕涼し　富安風生

鯛敷やうねりの上の淡路島　荻原井泉水
爰《ここ》に寝てゐましたといふ山吹生けてあるに泊り
麦踏むやつめたき風の日のつゞく　飯田蛇笏
終戦の夜のあけしらむ天の川
椅子に在り冬日は燃えて近づき来　松本たかし
腰立てし焦土の麦に南風荒き　臼田亜浪
囀や風少しある峠道
防風のこゝ迄砂に埋もれしと　高浜虚子
大揖斐《おほいび》の川面を打ちて氷雨かな
柿干して今日の独り居雲もなし　水原秋桜子

結果は桑原の予想どおり。俳句界にとって芳しからぬこととなった。誰も違いを見抜けなかったのだ。（ちなみに草田男の句「咳く」の句は誤植であり、本来は「咳くヒポクリット・ベートヴェンひゞく朝」であった。草田男は訂正を求めたが、桑原はそれでも持論は崩れない、と拒んだ）。桑原は実験の結果を受けて次のように続けた。俳句には鑑賞あるいは解釈文といったものが、数多く存在する。「詩のパラフレーズ」という「最も非芸術的な手段」である。これらの文章は、俳句という芸術の「未完結性すなはち脆弱性を示す」。これに比し、アランがヴァレリーの詩に注解を加えても「ヴァレリの詩は極度に完成して、完全に『もの』になっているから、アランが安心してその上に思想を展開」できる。詩が脆弱なわけではない、ボードレールやヴェルレーヌの詩の解釈文などフランスには存在しない、と論じた。「そもそも俳句が、附合いの発句であることを止めて独立したところに、ジャンルとしての無理があったのであろう」「現代の俳句は、芸術作品自体（句一つ）ではその作者の地位を決定することが困難である」と断定した。

俳句だけではない。「トルストイ全集と菊池寛全集とを読みくらべれば、この二作家の優劣はいよいよよくわかる」、ロダンやブウルデルの彫刻は「いかに小さいものでも帝展の特選などとははっきり違う」とこれもまたにべもない。

桑原はこう言い放つ。「世人の憬《あこが》れは西洋近代芸術にある」「西洋近代芸術は大地に根はあっても理想の空高く花咲こうとする巨樹である」と。芭蕉を崇める現代俳句は「地に咲く花」に過ぎない。西洋文学に学ぼうとしてもいまだに「さし芽」である。

「かかる慰戯を現代人が心魂を打ちこむべき芸術と考えうるだろうか。小説や近代劇と同じようにこれにも『芸術』という言葉を用いるのは言葉の濫用ではなかろうか」。芸術という言葉を敢えて使うなら、「第二芸術」と呼ぶべきであろう。

これが桑原武夫の結論であった。芭蕉は「第一芸術」であったが、現代俳句はそれには到底及ばない。それでも成人が俳句をたのしむのには目を瞑るとしても、「国民学校、中等学校の教育からは（中略）俳諧的なものをしめ出してもらいたい」「俳諧精神と今日の科学精神ほど背反するものはない」から、というのである。

翌一九四七年、『東北文学』に発表した「芭蕉について」では、桑原は「劣等感と焦躁感」という語を直截に使っている。日本のインテリの心の奥には舶来や後進国といった思いがいつも潜んでおり、「奈良朝以来今日までいつも文化後進国という意識をすてかねていたのではないか」と詠嘆する。桑原自身の「西洋」に対する屈折を感じる一文で、「優劣は明らかである」とする見方に諾々と首肯するむきは今日いないであろう。

当時、桑原は実作者ではない、俳句を評する立場にない等、諸々の反撃が沸き起こった。しかし俳句界に君臨した高浜虚子だけは動じなかった。

「第二芸術」といわれて俳人たちが憤慨しているが、自分らが始めたころは世間で俳句を芸術だと思っているものはなかった。せいぜい第二十芸術くらいのところか。十八級特進したんだから結構じゃないか。

桑原武夫に「防風のこゝ迄砂に埋もれしと」を嘲笑された虚子であるが、一向に意に介さない悠揚たる態度には、桑原も「いよいよ不敵な人物」と語り、小説『花衣ぬぐやまつわる』で久女を擁護した田辺聖子にも、「虚子韜晦」と言わしめた迫力だろう。

初空や大悪人虚子の頭上に

かつてこう詠んだ虚子。俳壇の頂点に立ち、『ホトトギス』の主宰として自らを大悪人と言って憚らない虚子らしい句であり、第二芸術論への態度でもあった。

ほかの反論の一例としては、毎日新聞に発表された山口誓子「桑原武夫氏へ」がある。自作が例句にされたわけではなかったものの、彼もまた当時の重鎮の一人。弁護に立つ側の人間である。桑原の挙げた俳句十句には自分も「芸術的感興を催さなかった」としながらも、それでも「私は作品に失望するとしても、大家に失望しない。またよしんば大家に失望するとしても、俳句そのものに失望しない」と明言している。

桑原の「芸術品としての未完結性すなはち脆弱性を示す」との論に対しては、俳句は「独自の省略法をとり、また言葉を作品の内部へ折り畳み折り重ねなければならぬ」からとして、未完結であり脆弱との論点に反駁する。

また桑原の「近代の精神を俳句に取り入れるということは一つの賢明な道であるやうに見える。しかしそれは決して成功しない」「人生そのものが近代化しつつある以上、いまの現実的人生は俳句には入り得ない」との言についても、自分たちは「全人格をかけて」俳句という芸術に打ち込むことを誓う。桑原の識者としての見解に敬意を払いつつ、自負と気概に満ちた言葉と言ってよいだろう。

「第二芸術論」以降の桑原の態度

「第二芸術」を発表した十七年後の一九六四（昭和三十九）年、桑原は当時の経緯を語っている。自分は戦中・戦後の俳句にひどく不満であったから、I・A・リチャーズの文学理論を応用して俳句を批判した。芸術としては、トルストイの小説やミケランジェロの彫刻、ダ・ヴィンチの絵画といった一流の芸術とは同列に扱うべきではない、「第二芸術」と呼ぶべきではないか。それを「相当手きびしい調子でやった」ところ、俳句界だけでなく短歌界からも諸説紛々「たいへんにぎやかなことになった」と振り返る。

この桑原の論は、日本の敗戦を抜きにしては語れないであろう。敗戦により自信を喪失した日本人は、自国文化にも劣等感を抱き、むしろそれを否定、冷笑的態度で接することで自尊心を保とうとしたのであろう。フランス文学者であった桑原がボードレールやヴェルレーヌの詩をひきあいに俳句を自虐的に貶めたのも無理からぬことであったかもしれない。俳句だけではなく、戯曲や小説、彫刻もやり玉に挙がっていることからもそれは窺えよう。桑原が懐かしみこそすれ自説を曲げなかったのも、彼なりの矜持の表れであったのだろうか。

ドナルド・キーンと「第二芸術論」

この論文に対するキーンの姿勢は一貫している。山本健吉との対談で「第二芸術論」が話題にあがったときには、こう発言する。

「私は第二芸術としての俳句を称賛したいのです。第一芸術的な作品ばかりだったらたまらないんです」

キーンは第二芸術として俳句を捉えている、ということであろうか。であるとしたら真意は何か。『第二芸術』のすすめ、という梅棹忠夫との対談のなかでキーンは、桑原武夫の「第二芸術」について「書いてあることは事実だと思います。しかし、その解釈は間違っていると、私はいまでも思うんです」と語っている。

「つまり、一流芸術はあらゆる国にあるんです。問題は、一流芸術でない第二芸術のほう、そのほうが大切です」

日本人は俳句や短歌に限らず、茶道、書道、生け花、謡、日本舞踊、それに石や陶器の収集をする。『源氏物語』の昔から「香合わせ」や「絵合わせ」などを楽しむ伝統がある。上流階級の者だけでなく庶民に至るまでが、何らかの形で芸術を自ら嗜む。西欧であればそんなことはない。多くの人々にとって芸術は受動的なものであって、能動的なものではない、というのである。

日本人は生活に「何か美的なものを加える意識」が常にあるのではないだろうか、とキーンは言う。寿司屋でも葉蘭の葉を切って箱に入れ、寿司を綺麗に並べる。弁当も見映えをよくしようと箱から何から工夫する。芳名帳に筆で字を書く際にはなるべく上手く書こうとするが、自分の字を恥ずかしく思う。西洋人は自分の字は自分の字、と自信をもっていて、恥ずかしいなどとは思わない。バーなどで飲んでいると、酔いが廻ってきたころにどこからともなく「色紙」が現れて、何か書いてくださいと頼まれる。そんなことはアメリカなどでは考えられない。

こういう一つ一つの小さなことが、いわば日本の生活のなかにしみ込んでおり、芸術の基盤になっているのでは、と語る。一流の芸術家ではなくとも、普通の人々に至るまでが、教養を身につけたい、どんなものにも美的なものを加えたい、という意識を伝統的にもっている、それこそが日本が世界に誇るべき「第二芸術」なのだ、と。

詩もアメリカなどでは、詩人以外が書くことはあり得ない。「日本では、俳句とか和歌を毎週の新聞の日曜版に何々先生がいちばん優れた作品を選んで発表したり、同人雑誌にしても幾種類も出ている」、それこそが素晴しい、とキーンは力説する。

俳句については、今や日本の国外にも広がり、アメリカの教育に採用されているのである。

(子どもたちに)ソネットを書けとか叙事詩を書けといっても、まったく不可能です。しかし俳句のような短い詩型なら子どもでもつくれるし、子どもとして何か自分を表現できるんです。どんなに貧しい家庭の子どもでも、何か刺激がある。きれいな花を見ても何でもいいんですが、それを表現できるんです。しかし俳句というすばらしい発明がなければ、子どもたちは物が言えないんです。つまり、西洋の伝統的な詩型は、ああいう子どもにとっては無理なのです。韻を踏んだり、こういうリズムでなければだめだとか、そういう難しい条件だったら、子どもにはまったくできないんです。(『『第二芸術』のすすめ」『ドナルド・キーン著作集　第九巻』)

このように「ハイク」と呼ばれる詩型は世界で広く受容されている。これは第一芸術としての俳句はともかく、「第二芸術」の力あってのことだ、というのである。

梅棹も「一般には、日本のコントリビューションというのは、美的価値というものよりも、もっと経済的価値とか政治的価値のほうに大きく傾いているんです、現在は。もちろん日本の美について、日本人は相当の自信はあると思います。ですけど、それが輸出可能であるとは考えていない。(中略)つまり、これは自分たちの財産である、輸出するのは何か別のものだというふうに考えている」と答えている。

ドナルド・キーンと梅棹忠夫との対談は、一九七五年の十二月に発表されている。つまり今から約半世紀も前のこと。戦後の荒廃から復興し、驚異的な経済発展を遂げたころである。二氏の発言はそれゆえ、現在の私たちからは感覚も意識も乖離しているだろう。そして桑原の第二芸術論は、この対談から遡ることさらに約三十年。今から七十六年前のことである。

キーンの言葉をほかの著作からも引いてみよう。

明治十五年頃に、坪内逍遙のような文学青年に、百年後の俳句はどんなものになるだろうか、と尋ねたとしたら、逍遙はそのような愚問を一笑に付してしまっただろう。百年後に俳句なんぞは存在しないはずだった。俳句を弄ぶ日本人は何万人もいたし、彼らが相当数の師匠を養っていたとは言え、一流の俳人が一人もいなかったことに鑑《かんが》みて、逍遙が俳句はもう滅びてしまったと返事したとしても少しも無理はなかった。(「現代の俳句」『日本文学を読む・日本の面影』)

明治二十五年ごろ、正岡子規は「俳句は文学である」と宣したが、芭蕉の俳句を文学だと認めるものは少数派であっただろう。

私は桑原の見解に大体賛成しているが、「第二芸術」が存在することを大変ありがたく思っている。カメラさえ持っていたら誰でも自己の中に隠されている芸術的要求を発揮できるように、小説や現代詩をどうしても書けない人でも俳句を作って楽しめるのである。素人の写真や俳句の中に玄人の舌を巻かせる良さがあることもある。(中略)

俳句には深い意味があり得る。芭蕉の傑作について何も疑う余地はないと思うが、現代俳句にも立派なものがある。(同前)

そして山口誓子の名を挙げている。

大袈裟な褒め言葉を避け、俳句が現存していること自体を祝賀したい。第一芸術が一般民衆からもう遠いところへ行ってしまった今日、第二芸術はいかにもありがたいものである。

（同前）

最後に、最晩年のエッセイ集『ドナルド・キーンの東京下町日記』を開いてみたい。敗戦後荒廃した日本が「驚異的な復興」をした背景には「日本人の教育水準の高さ」と「日本人の教養の高さ」があると指摘する。もちろん一流芸術もある。が特筆すべきは誰もが「俳句や短歌、生け花や書道といった芸術を気軽に楽しんでいることだ。これほど教養レベルの高い国は他にない」。日本国籍を取得し、自分が選んだ日本という国をこのように誇りにしていたのである。日本が世界に誇れるのは経済ではない、「文化」である。「芸術」である。一流の芸術は世界中で見られる。しかし第二芸術を国民全体で保持しているのは日本をおいてないのだ。桑原の「第二芸術論」が念頭にあったに違いない。この論は、日本を語るうえでのキーンのキーワードともなったといえよう。

子規の俳句改革に始まった近代俳句は、『ホトトギス』の創刊とともに松山から全国へと広がっていった。キーンはホトトギス派の代表的俳人たちを中心に、一人一人を取り上げ、近代俳句から現代への俳句の変遷を具体的に通覧した。その結論として、キーンがいったんは俳句の未来を悲観しながらも、「第二芸術」であるからこその楽観へと変わっていったのではないだろうか。

晩年の「日本の短詩型文学の魅力」という講演でも俳句に触れ、こう締めくくっている「俳句とか五七五というような詩型、あるいは短歌のような詩型は、(中略)二千年前から」存在し、現在も生きている。「それはほかの国にはない現象です。千年前の英語を使って詩を作る人は一人もいないと思います。これは日本の詩歌の一つの魅力で、そして日本の誇るべきことだと私は思います」と。

第四章　日記文学

㈠ 日記文学としての芭蕉『おくのほそ道』

日本文学史において「日記文学」の系譜を明らかにしたのは、ドナルド・キーンの『日本の文学』等の著作群の大きな成果ではないだろうか。

日記文学を集めたキーン著『百代の過客――日記に見る日本人』には、芭蕉の日記六篇が収録されている。『野ざらし紀行』『鹿島詣』『笈の小文』『更科紀行』『おくのほそ道』の五篇の紀行文と、『嵯峨日記』の計六篇。紀貫之に始まる日本日記文学の「おそらく頂点を画すもの」とこれらを位置づけ、芭蕉は日記文学のいわば「職業作家」であるとする。『野ざらし紀行』以下五篇が「日記文学」と分類されていることにまずは驚く。

この時代は木版印刷が普及し、同じ版木から千部以上の部数を刷ることができた。芭蕉は弟子をはじめとする読者の存在を念頭に置き、幾度も推敲を重ねている。芭蕉の日記は文学的意図をもって執筆され、個人的日録を超えた作品群である、とキーンはいう。

『笈の小文』の名高い一節「西行の和歌における、宗祇の連歌における、雪舟の絵における、利休が茶における、其貫道《そのくわんだう》する物は一《いつ》なり」にあるように、はじめから芭蕉はその巨匠らに伍するのだ、単なる旅日記ではなく一級の文学作品を書き残すのだ、という気概があったのではないか。そして四年にわたる推敲を重ねた上に生まれたのが『おくのほそ道』なのだ、と。

第一章で述べたように、キーンと日本語の出会いのひとつは、日本兵の遺した日記であった。ガダルカナル島で亡くなった兵士の「日記」。それはアメリカ兵の書く手紙とは対照的であり、心を大きく揺り動かすものであった。世界中どこでも、人は日記をつける。しかし千年以上もの間、すぐれた文学作品として日記が認められている国は「私の知る限りでは（中略）ほかならぬこの日本だけ」という。

その日記は二種に分けられている。当人のためだけのものと、読者を想定して書かれるもの。誰にも読まれたくない、と石川啄木のようにローマ字で記す者もいたが、日記作者というものは「いつかは、誰かに読んでほしいという気持ちも、どこか心の片隅に、必ず動いているに違いない」、と書く。「一種の告白的行為」だからである。

その読者を想定した日記にもさらに二種ある。つまり「文学的」なものと「非文学的」なもの。前者は、日本近代文学の「『私小説《わたくししようせつ》』（氏の訳語ではI novel）の始祖」でもある、とのキーンの指摘は慧眼ではないだろうか。平安の昔から日本文学は内省的であり主観的な性格を持っていた。そのひとつの表現方法が「日記文学」であり、その流れは芭蕉を経て、近代文学の「私小説」へと繋がっていった、という視点である。

その一篇でもある『おくのほそ道』は、歌枕に関する記述、詩と散文の按配、道中の見聞、孤独な心の動きなど、そのどれもが「新たな意味を獲得」した日本の日記文学の「偉大な集約」である、とキーンは記す。

『日本文学アンソロジー』の『おくのほそ道』の抄訳を、ドナルド・キーンは「一家に遊女もねたり萩と月」で終えていた。芭蕉が遊女のことを記した理由のひとつは、ここに連歌の式目、「恋の句」をおり込むためフィクションを取り入れたのではないか、とキーンは推察する。同行した曽良の日記に遊女は現れない。芭蕉の「日記」は本質的にはフィクションであり、それゆえにこそ時代を超越する文学的作品となったのである。「何百霜も隔てたその昔に書かれた日記が、今ここにある。文学という芸術への、これ以上に壮麗な捧げ物が、他になにかあるだろうか」。

(二) 正岡子規の日記

三冊の日記

子規は三篇の日記を遺している。新聞「日本」に連載された随筆『墨汁一滴』。読者を想定し、内容からいっても日記と呼べる『病牀六尺』。加えて『仰臥漫録』。以上の三篇、とする。キーンは子規作品も「日記文学」の系譜と捉えているのである。

病床で絶えず激痛に苦しんでいた彼がなぜ書き続けられたのか、氏はパスカルの言葉を借りる。「恐ろしい病に打ちのめされながらも、自分がまだ〝考える葦《あし》〟であることを証明しようと」する「生きている証《あかし》」であったのだ、と。これはキーンの、死にゆく日本兵の日記との邂逅に繫がるように思われる。氏は日記を通して彼らと深く心を通わせたのである。

この三作については多くの考察がなされているが、キーンの見出した次の点を指摘しておきたい。

病床にあっても子規は可能な限り読書を続けたが、その中の一冊にベンジャミン・フランクリンの『自叙伝』があった。子規が哲学書や宗教書に慰めを求めるのではなく、「貧乏という障害物を乗り越え、勤勉に働くことと、生まれつきすぐれた知性を用いて、〝アメリカ最初の文明人〟となった」フランクリンに向かったことに、キーンは注目する。彼の行動は真似できなくとも、「病床の子規が望み得た唯一のことは、できるだけ立派な文章を書くことによって、身体を動かして自由に活動できないわが身の悲しさを、なんとか補償することだった」と述べる。子規は風前の灯だった俳句に革命を起こすことで俳句を守ったが、それは彼の日記によっても成されたのであった。子規は日記を綴ることを自分の生きる原動力とし、同時に俳句を救う道をも模索し続けたのだといえよう。

キーンは三度、子規の一生を描いている。初めは『日本文学の歴史』で、次いで『続　百代の過客』、最後は『正岡子規』の一書を成す。子規に親しみ、やがては友とも盟友とも、そして近しく家族のようにも思っていたようだ。晩年まで九月十九日の子規忌には、大龍寺にある子規の墓参りを欠かさなかった、とキーン誠己氏も言う。困難の中でも明るくユーモアのセンスを失わない子規。勤勉に文学の道をひと筋に歩み続ける姿。キーンに相通ずるものを感じるのは私だけではないだろう。

キーン著『正岡子規』

『ひとり灯の下にて』は、各界からの錚々たる執筆陣によるドナルド・キーン追悼文集で、氏の偉大さが偲ばれる。偉大さだけではない。愛と友情に溢れ、いかに人との繋がりを大切にする、人間的に大きな方であったか。

その中に私の友人でもある日本文学研究者ジャニーン・バイチマンが一文を寄せている。愛弟子とは聞いていたが、これほど親しかったとは。心に染みる文面。思い立ってインタビューを申し込むと快諾してくださった。

バイチマンが日本文学を志したのはキーンの『日本文学アンソロジー』を読んだからであったとのこと。それまでは大学院で古英語やアイルランド語文学の研究を志しており、日本語など全然分からなかったという。なのにキーンの本を読んでたちまち日本文学志望になったそうである。バイチマンは母、大叔母ともにアーティスト。幼いころに両親とニューヨーク近代美術館で茶室を見学し、宇宙をぎゅっと縮めた小宇宙を表しているかのようで感動したという。それが下地になったのかもしれない、と話してくださる。（一九五四、五五年、ニューヨーク近代美術館に於ける「日本家屋展」）

「私だけではないのよ。他にもキーン先生の本で運命が変わった人が多くいたの」。こうしてバイチマンをはじめ優秀な学生がキーンのもとに集まり、日本文学研究が活気づいていったのである。

「若いころの先生はどんな風でしたか」

「こう腕を振りながら、勢い込んで教室にいらっしゃるの。そしてまずポケットから櫛を取り出してね、こうやって髪を撫で付けるの」と愉快そうに真似をする。

「そうね、教室内をよく歩きまわってらした。身振りが大きいわけではないんだけれど、生き生きと絶えず動きながら、ノートも見ないで話されるんです。そしてどんな質問にも必ず答えてくださった」

『おくのほそ道』も扱ったし、ゼミでは『笈の小文』を取り上げた、と言う。

「ではジャニーンさんは、どうして修士論文のテーマに子規を選んだのですか。子規の作品がお好きだったのですか」

「はじめは全然そういうことではなかったのよ。修論に何を書こうか当てがなくて、キーン先生にご相談したところ『オトギゾーシ』を勧められたの。『オトギゾーシ』なんて当時は聞いたこともなくて、一体どんな作品なのか、戸惑ってしまってね。そうしたら先生がそれなら『御伽草子《オトギゾーシ》』ではなく『正岡子規』を研究したら、と助言してくださって、それで決めたんです」

バイチマンはそこから子規の研究を始め、修士論文、次いで博士論文まで子規とじっくり向き合い、立派な著書に纏め上げたのである。しかし一時は学者の道を諦めようとした、という。論文がかなり進んだころ、妊娠・出産を経験したからである。一九六〇〜七〇年代、アメリカでも多くの女性はここでキャリアを諦めたはずであった。今よりもあからさまな性差別があり、子持ちの女子学生が研究者の道を歩むことを認めない男性の教授は多かったのである。しかしキーンは違った。彼女が結婚し子どもを授かったことを喜び、研究を続けるよう励まされた、という。彼女だけではない。ほかの女子学生たちもキャリアを続け、日本文学の専門家となることができた。こうして恩師キーンとは畏敬の念とともに、友情をも結ぶようになったのである。

ジャニーン・バイチマン著『正岡子規』は一九八二年出版され、二〇〇二年には改定版も出された。英語で書かれた初の本格的な子規評伝、作品紹介として評価も高く、版を重ねている。

そして二〇〇八年十二月二十四日のことであった。一通のメールがバイチマンのもとに届く。キーンからであった。挨拶や日常の事などが綴られていた後に、こう書かれていた。

「実はこれから自分は伝記のようなものをまたさらに書きたいと思っています。以前書いた足利義政や渡辺崋山のような。そして子規を書きたいのです。ただ問題は……あなたが少しでも不快に思われるなら書きたくないのです。完全にやめます。まだ具体的に何を書くか決めていないし、もしかしたら、どのみち取り組むには良い題材ではないと思うことになるかもしれません。もし良い題材だと確信したとしても、私はあなたとの友情を危うくしたくないのです。もちろんあなたの著書が好きではないとか物足りないというのではないのですよ。崋山のように子規に魅力を感じるからであって、再び彼の作品を読めたら喜びがあると思うからなのです」（拙抄訳）

つまりキーンは、弟子のバイチマンに「子規のことを書いてもいいですか」と断りを入れたのである。先生の指導で書き上げられた子規研究。同じ研究者として尊重し、友情を大切にする誠実さに、バイチマンは感激もし、恐縮もしたそうである。もちろん先生には「ぜひお書きになってください」と伝え、すると「あなたが使った資料は使わず、重複しないように気をつけますから」と返信があったそうである。

キーンは四十年来あたためてきた子規伝に着手。二〇一二年、九十歳で、ついにその念願の書が完成したのである。晩年の作とは思えぬ綿密に資料を読み込んでの力作。私も繰り返しページを捲った。そして読むたびに子規を身近に親しく感じ、好きになるのである。

「先生はどうしてあんなに子規に惹かれたんだと思われますか」

「さあ、どうしてかしら……。子規が改革者だったからではないかしら。先生は石川啄木も書かれたしね。熱い人たちがお好きなんだと思いますよ」

子規は病弱で、特に最後の数年は寝たきり、そのまま三十四歳で早世した。しかしその文学への情熱が衰えることはなかった。俳句のみならず、短歌、新体詩、小説を革新し続けたのである。そういう子規にキーンも自分を重ねていたのかもしれない。芭蕉しかり子規しかり。

「先生は高い志をもつ革新者、改革者がお好きなのね」と二人で共感したのであった。

キーンの子規像

〈士族の子〉

明治改元の前年一八六七（慶応三）年、子規は松山の下級武士の家に生まれた。それゆえ儒学や書道を学び、丁髷を結い、学校の仲間がみな断髪しても、数えで九歳まで断髪を許されなかったという。キーンが幾度も強調するのも、子規が「士族」であったというこの点である。

中国古典を読み、漢詩を作る一方で、数学の個人教授も受け、詩会や書画会も催した。西洋一辺倒の世の中で、子規は士族としての誇りを保ち続ける。後に従軍記者として中国に向かう直前の写真でも、羽織袴、腰に刀の出で立ちである。武士として戦場へ向かう意思を固めていたのだ。戦地から帰る船中で病を悪化させ、死期を早める結果となったのだが。

実のところ子規は、武士どころか泣き虫な子供だった。子規自身も書いている。

僕は子供の時から弱味噌《よわみそ》の泣味噌《なきみそ》と呼ばれて小学校に往ても度々泣かされて居た。たとへば僕が壁にもたれて居ると右の方に並んで居た友だちがからかひ半分に僕を押して来る、左へよけようとすると左からも他の友が押して来る、僕はもうたまらなくなる、そこで其際《そのさい》足の指を踏まれるとか横腹を稍《やや》強く突かれるとかいふ機会を得て直《ただち》に泣き出すのである。そんな機会はなくても二、三度押されたらもう泣き出す。それを面白さに時々僕をいぢめる奴があつた。(『墨汁一滴』)

弟子の碧梧桐は子規について、「透きとほるやうな色白の顔が、私にも貴公子のやうに美しく見えた。(中略)胡坐をかいたぼろ〳〵の袴が、綺麗な頭と対照して、ランプの燈の下にぱァとのさばつた」と記す。凧揚げや独楽まわしも苦手で、川に連れて行っても泳げるようにはならなかった。代わりに貸本屋で借りた本を読み耽り、書画会、詩会などを好んで開いた。陸海軍の士官になる夢は語らず、文学への志がすでに芽生えていたのである。
より高い教育を受けたいと、松山中学を退学した子規は上京、共立《きょうりゅう》学校に入学。そこでキーンが注目するのは子規の英語についてである。

〈子規の英語〉

子規は英語教師に恵まれた。現在の開成中学・高等学校の前身である共立学校での子規の英語教師は、高橋是清であった。日銀総裁や首相まで務めた高橋は、子規の英語教師でもあったのだ。教科書は『パーレー万国史　*Peter Perley's Universal History of the Basis of Geography*』。その後夏休みには本郷の進文学舎で英語を学ぶ。このときの教師は坪内逍遥である。

「先生の講義は落語家の話のやうで面白いから聞く時は夢中で聞いて居る、其の代り余等のやうな初学な者には英語修業の助けにはならなんだ」とは子規の弁である。

第一高等中学校での教師は著名な歴史家ジェームズ・マードックであった。そのときの子規の「詩人としての芭蕉　Baseo as a Poet」という英文が残っている。後に子規が俳句界に残した足跡を思うと、この時点で芭蕉論を書いていたことに驚きを覚える。キーン日本語訳で引用したい。

簡潔こそ最上のものであるという通則が修辞学の上で有効ならば、我が日本の「発句」はその点では最高の文学と言っていい。十七音節から成る発句は、おそらく詩の形式としては世界で一番短いのではないだろうか。（中略）芭蕉の詩の幾つかを韻律など無視して逐語訳し、日本の修辞法の何たるかを次に示してみたい——ただし日本の文章、特に発句では人称代名詞や述語動詞がよく省略されることを予め承知しておいてほしい。

If the rule that best is the simplest holds good in rhetoric, our Japanese “hotsku’ (pronounced hokku”) must be best of literature at that point. Hotsku which is composed of 17 syllables, should perhaps be the shortest form of verses in the world. ......

We shall try to translate some of Baseo’s poems words by words (neglecting the metre & rhyme) to show the Japanese rhetoric as follows: (It must be understood that in Japanese sentence, especially in “hotsku”, personal pronouns and predicate verbs are often omitted).

そして「古池や」の句を、以下のように翻訳している。

The old mere!
A frog jumping in,

The sound of water.（英訳・正岡子規）

子規が自分の英語の力は絶望的である、と言っていることについてキーンは、級友に夏目漱石がいたからではないかと指摘する。マードックも、漱石の次に子規の英語を評価していた事実が資料に残されている。

子規は英語の読解力にも優れていた。漱石宛の書簡には自分が感動したイギリスの詩がいくつも引用されている。集めた洋書にはミルトン、バイロン、ワーズワースの詩集、哲学、歴史の本があったし、友人から贈られたゲーテの『ファウスト』の英訳本もあった。ヴィクトル・ユゴーの『レ・ミゼラブル』の英語版には深く感動し、ミリエル神父に倣って裏木戸を閉めなかったという逸話もある。ヴィクトリア朝の英文で書かれた小説ブルワー＝リットンの『ゴドルフィン』、スペンサーの哲学書、ゾラの小説の英訳本等々、数多くの英書を読んでいる。晩年には死の床で、ベンジャミン・フランクリン『自叙伝』を日課として読んでいたのは、前述のとおりである。

横文字の小さい字は殊に読みなれんので三枚読んではやめ、五枚読んではやめ、苦しみながら読んだのであるが、得た所の愉快は非常に大なるものであつた。（中略）此書物は有名な書物であるから、日本にも之を読んだ人は多いであらうが、余の如く深く感じた人は恐らく外にあるまいと思ふ。

このように子規は英文に親しんでいたのである。本書の「註」にはさらに、「ゾラと為永春水」「スコットと馬琴」「ブルワー＝リットンと春水」を比較する随筆なども書いていたことが付け加えられている。英語を母国語とする者として、キーンは子規が手にした英語文献に注目していたのである。

〈小説〉

坪内逍遥の『小説神髄』は当時の若者たちを駆り立てた。小説が芸術の一形式である、という考えに子規も勇躍、小説の執筆を始める。『銀世界』と『月の都』である。少年時代は滝沢馬琴の『南総里見八犬伝』に夢中になり、為永春水の人情話にも惹かれていた。

ところで子規は、書くことは「芸術」であるという強い信念があり、言文一致に反対であった。

余は甚だ以て言文一致を悪《にく》む者なり、にくむといっても其場合による也、演説 談話 講釈の筆記、小説 紀行抔《など》の文章中の言葉会話の部、其他俗人、無学の人に向っての告示、手紙、小児即チ小学生徒抔の尤幼稚なる者に習はしむる文章、教訓の類は言文一致にて分りやすく知らしむるをよしとす、（中略）されど其他の文学に於て何を苦んで言文一致とするや　何の必要あつて言文一致とするや。言文一致はとかくくどくうるさく長〻しくなるもの也　従て読みにくく解にくゝ、あるは欠伸《あくび》を生する所多し。

文体へのこだわりは時代に逆行するもので、それも一因だったかもしれない。世に知られなかったことからもわかるとおり、子規の二篇の小説は傑作とは言い難く、キーンも評価をしていないことがわかる。しかし氏のごとく、子規の文学への志に光を当てて小説を丁寧に紹介した評者は少ないのではなかろうか。

〈新体詩〉

外山正一、矢田部良吉、井上哲次郎共編著『新体詩抄』が出版されたのは一八八二（明治十五）年のことであった。主にヨーロッパの詩の翻訳詩歌集であり、外国の詩はいかなる詩的言語にも拘束されない「故ニ三尺ノ童子ト雖《いへど》モ苟《いやし》クモ其国語ヲ知ルモノハ詩歌ヲ解スルヲ得ベシ」と謳われていた。従来の短歌、俳句とは異なる新しい詩型を提示したという意味で、大きな役割を果たした作品である。子規はこの新体詩にも挑戦、数行のものから百行を超えるものまで、約九十篇ほどを残している。「床夏《とこなつ》」という題の詩。

野の道に一輪開くなてしこの
　心ありけにふしたるは露のなさけに
　ほだされて花の下紐ときにけん
　　手折らんとせし手をとゝめ
　　　我物ならぬこの色香
　　　　行きかふ人に
　　　　　のこしおかなむ

花ぬす人草

五七五と交互に繰り返される伝統的調べは守られているが、八行に散らし書きされているのが近代的な視覚的効果を上げている、とキーンは評価する。

さらに次の新体詩「父の墓」第一連は、このように始まる。

父の御墓に詣でんと
末広町に来て見れば
鉄軌《てつき》寺内をよこぎりて
墓場に近く汽車走る。

石塔倒れ花萎《しぼ》む
露の小道の奥深く
小笹まじりの草の中に
荒れて御墓ぞ立ちたまふ。
見れば囲ひの垣破れて
一歩の外は畠なり。
（中略）
胸つぶれつゝ、見るからに、
あわてゝ草をむしり取る
わが手の上に頰の上に
飢ゑたる藪蚊《やぶか》群れて刺す。

キーンは、「父の墓」は子規の最も感動的な詩歌の一つではないだろうか、と記す。批評家は子規の新体詩を批判する向きがあるが、彼の詩は「十分読者の心を動かすのではないか」、子規の俳句や短歌にはみられない、様々な感情を喚起する力がある、と。

子規の新体詩が英詩から多くを得ていることにも言及される。押韻もそのひとつ。子規は英語力に悩みつつも、ワーズワースなど幅広く読んでいたのである。

〈漢詩〉

子規は幼いころから漢籍に親しみ、自らも漢詩を作った。最初の作品は十一歳の時の「聞子規（子規《ほととぎす》を聞く）」、である。

一声孤月下　　一声　孤月の下
啼血不堪聞　　啼血　聞くに堪へず
半夜空欹枕　　半夜　空しく枕を欹《そばだ》つ
古郷万里雲　　古郷　万里の雲

将来自分が子規を名乗り、血を吐いて啼くことになろうとは夢にも思わぬころの、予言のような詩である。子規にとって漢詩は武士階級と結びつくものであり、生涯捨て去ることはなかった。ヨーロッパで言えば「ラテン語で詩を作ることを楽しんだ英国の学生」のようなものだとキーンは言う。

一八八五（明治二十八）年作の漢詩は「正岡行《こう》（正岡の歌）」と題され、珍しく母と妹に触れている。

「正岡行」

阿嬢在堂年五十　阿嬢《あぢやう》堂に在り　年五十
鮮魚不薦帛不襲　鮮魚　薦《すす》めず　帛《きぬ》　襲《かさ》ねず
妹年廿六嫁見去　妹　年廿六　嫁《か》せども去《す》てられ
裁衣煮菜家事助　衣を裁ち菜を煮て　家事を助く
吾素多病与世乖　吾素《もと》より多病　世と乖《そむ》き
碌碌三十未迎妻　碌々《ろくろく》　三十　未だ妻を迎へず
阿嬢為児憫孤寒　阿嬢は児の為に　孤寒を憫れみ
児為阿嬢悲無孫　児は阿嬢の為に　孫無きを悲しむ
生不興家絶系譜　生まれて家を興《おこ》さず　系譜を絶つ
死何面目見父祖　死して　何の面目あってか　父祖に見《まみ》えん
一任世人呼吾為狷狂　一に世人の吾を呼んで狷狂《けんきやう》と為すに任せ
只期青史長記姓正岡　只《ただ》期す　青史　長《とこし》へに姓の正岡を記せんことを

最後の一行に、自分の仕事が永遠に残り、正岡家の名を刻むことが願われている。

子規は漢詩の豊富な語彙、優雅な言葉遣い、新しい知的な考えを伝えるのに適した形式を好んだ。千年もの間、日本文学において重要な位置を占めてきた漢詩は衰退しつつあった。文学の世界でも中国は西欧に取って代わられようとしていたのである。一方で、子規が明治期には滅びるであろうと予言した俳句、閉塞状態にあった短歌は、子規の手によって甦ったといってよい。その彼が改革を唱えなかった漢詩は日本文学史上の表舞台から消えていくこととなったのである。

〈子規の随筆〉

その後子規が俳句と短歌を革新したことは、ここでは繰り返さずともよいであろう。またさらに『筆まかせ』『松蘿玉液《しょうらぎょくえき》』『墨汁一滴』『病牀六尺』『病臥漫録』といった随筆を書いたことも。キーンが最後の三作を日本文学の日記の系譜に入れていたこともここでは繰り返さない。ただ子規が死の間際まで書き続けることができた大いなる奇跡について、氏が述べている点を要約したい。

キーンはその「表」と「裏」について記す。「表」のひとつは子規のユーモアのセンスである。病身でありながらも決して明るさと諧謔精神を失わなかった子規。西欧文化において、ユーモアは偉大な人物に欠くべからざるものである。子規の自由闊達な発想と筆力の源泉でもあろう。

「裏」は、母と妹に対する子規の態度である。この女性二人の献身的介護がなければ子規は一日たりとて生きられなかった。それというのに二人への感謝や愛情は、日記にはほとんどみられないのである。妹の律に対してはある日など「律ハ理窟ヅメノ女也　同感同情ノ無キ木石ノ如キ女也」、別の日には「律ハ強情也」、また「彼ハ癇癪持ナリ」と書く。女性には良い教育、できれば高等教育が必要だ、女性には教育が不十分だ、と子規は記している。これは当時としては開明的な考えだったかもしれない。その一方で母と妹への冷淡さには、「どこか不愉快なものがある」とキーンはしている。

「表」であり「裏」である事件は、子規の自殺未遂である。ある日のこと、たまたま妹の律もおらず、電報を打ってほしい、と母にも使いを出して人払いする。「……サア静カニナッタ此家ニハ余一人トナッタノデアル」

自殺熱の高まってくる瞬間。枕元には二寸ばかりの鈍い小刀と二寸ばかりの千枚通しの錐とが見える。このどちらでもまさか死ねまい。隣の部屋には剃刀がある。剃刀があれば咽喉を掻けるのであろうが、自力では這うこともできない。この小刀で咽喉を掻けるだろうか。千枚通しで心臓に三つ四つ穴をあけようか。病苦でさえ堪え切れないのに、これ以上死にそこなって苦しみたくない。煩悶するうちに母が帰宅、事なきを得たのであった。

子規のこの自殺未遂事件は有名で論考も多いが、キーンはここから救われた子規の、「とんでもないご馳走を食べてみたくなる陽気な気分」までも書くのである。軽薄に思われるかもしれない、いや、とキーンは言う。「子規のように生きながらにして長い苦痛を体験しなかった者には、子規の振舞の適不適について判断を下す資格はない」と。

〈子規の死後の弟子たちの子規評〉

糸瓜《へちま》咲て痰のつまりし仏かな

キーン子規伝は、「死」では終わらない。弟子たちの追悼文が続くのである。しかもそれは必ずしも称賛ばかりではない。

なかでも最も子規を厳しく批判したのは若尾瀾水《らんすい》であった。子規を深く崇拝する忠実な弟子を自任し、多方面にわたる文学活動を称賛したあとで、しかし子規はどのジャンルにも重要な貢献をしなかった、と断言する。子規俳句は派生的なもので独自性に欠けている、短歌は『万葉集』からの多くの古風な言葉を借りた読みにくく退屈なものである。新体詩は引き延ばされた俳句に過ぎず、小説は西洋の作品の模倣にすぎない。そのような子規がなぜ実力以上に祭り上げられたのか。

……駈け出しのホヤ〳〵俳人にして先生に親炙《しんしゃ》したる事もなく従て先生の性格に何等の智識なき愚俗なるが軽佻にも先生を賛美するを新派俳人の重要資格と心得え、薄き唇を反らして稍《やや》もすれば先生の病状に心痛の体を装ひ、読まざるに先生の文章を切り抜きて保存し、先生の名をだに署したるものならば、如何なる拙悪の句文といへど、勿体げに首を捻《ひね》りて感心す。其馬鹿々々しさ加減、猥褻なる本願寺法主《ほっす》の足下に跪拝する無智の媼爺《おうや》の如し。

瀾水はさらに「若し予をして無遠慮に先生の肖像を描き出さしめば、恐らくば嫌悪すべき一人格の現出を見んやも知るべからず」と子規の人間性をも断罪する。

これらの批判に対してキーンは「瀾水の攻撃は無責任で信頼できない」とひとつひとつ反論する。まずその業績に対しては、子規は俳句に革命を起こし、近代以後に俳句を存続させた。子規の俳句は蕉門の模倣ではないし、初期の言葉遊びを好んだ俳人たちのまねごとでもない。子規の短歌にはなるほど、古風な言葉遣いで読者を退屈させたり、苛々させるものがあるのは事実である。しかしその多くは斬新で比類なく感動的である。漢詩と新体詩については、そもそも瀾水は読んだ形跡がない。子規の小説は西洋の作品の模倣だというが、いったいどの作品を指して言っているのか。

無能な詩人たちが健康を謳歌している一方で、一生を寝たきりの病人として過ごさなければならない自分の運命を嘆いた子規は、おそらく彼らの作品を貶すことで報復した。あるいは苦痛と高熱のあまり、たぶん子規がもっと健康であったら考えられないやり方で他の詩人たちを罵ることになった。（『正岡子規』）

ほかの弟子らの瀾水への反論としては、たとえば伊藤左千夫の言葉。

先生が理性に勝れて居つた事は何人《なんぴと》も承知してゐる所だが、又一方には非度《ひど》く涙もろくて情的な気の弱い所のあつた人である、それは長らく煩《わづら》つて寝てゐたせいでもあらふけれど、些細な事にも非常に腹立つて、涙をこぼす果ては声を立てゝ泣く様な事が珍らしくない、其替はりタハイもない事にも悦ぶこともある。

五百木飄亭もこう記す。

冷血、或は事実であつたかも知れぬ、子規と意見合はず子規に容れられざりし人が、他の親しき人の如く親しみ得なかつたのを、其の容れられざりし人より見れば冷血と感するであろう。

子規の死後、弟子たちが師をどのように追悼していたか、批判をもよくよく踏まえた上でキーンは評していたのである。瀾水は、この文章を発表して間もなく、子規の弟子としては追放されたという。

「子規が偉大なのは」とキーンは結ぶ、「俳句が消滅の危機に晒されていた時に、新しい俳句の様式を創造することで同世代を刺激し、近代日本文学の重要な要素として俳句を守った」ことにある、と。「もし子規が俳句を作らず、批評的エッセイを書かなかったならば、短歌と同様、俳句もまた連歌のように生きた詩歌の形式であることを止め、初老の衒学者たちの遊びに過ぎないものになっていたかもしれない」。

子規の死後、俳句は息を吹き返し、日本国内をはじめ世界中の人々が、それぞれの言語で俳句を詠んでいる。子規は俳句の本質を変えた。単に美しい自然を題材とするのではなく、現代の世界に生きる経験を語るものへと変質させたのだ。

かくして子規伝は閉じられる。膨大な資料の読みに基づくキーンの彫りあげた子規像は、平板な二次元の絵ではなく、三次元の立像である。欠点を十分に兼ね備えた、いや兼ね備えているからこその偉人である。この書は「註」にも読み応えがある。本文と呼応するかのようにキーンの声が聞こえてくるのだ。慈愛の眼差しが、子規への批判や欠点をも温かく包み込む。病に伏し、耐えがたい痛みに耐えながらも、衰退しつつあった日本文学、殊に俳句の救世主となった子規を称えてやまないのだ。

本書『正岡子規』の英文の書評に、「ジャニーン・バイチマンの著作『正岡子規伝 *Masaoka Shiki: His Life and Works*』を先に読むべきだ」とするものがあったそうである。キーンはそれを殊のほか喜んだという。それでこそ自分の書いた意味があると。『渡辺崋山』『明治天皇』『足利義政』などの評伝に続く『正岡子規』。この子規伝は俳句の歴史、そして未来へと光を投げかける伝記となった。と同時に、これはキーンの俳句をめぐる旅の掉尾を飾る作品ともなったのである。

第五章　ドナルド・キーン俳句集

最後に、ドナルド・キーン自身の俳句二十五句を紹介したい。

キーンはむろん俳句作家ではなく、「自選七句」以外は著作集などに一ページずつ目を通し、また手紙や色紙などから、ご子息の誠己氏の協力も得て、一句ずつ掘り起こしたものである。一句見つかるたびに「あ、ここにもあった！」と喜びながら探し当てた。

こうしてまとめてみると、実作者としてのキーンの面影が浮かび上がり、驚きと尊敬の念をもつようになった。山本健吉は『俳句の世界』のなかで「一、俳句は滑稽なり。二、俳句は挨拶なり。三、俳句は即興なり」と定義している。

芭蕉を敬愛し、生涯の師と思い定め、彼に倣おうとしたキーンは、多くの面でこの山本の定義に当てはまる俳句を詠んでいる。いずれも即興的挨拶句の趣である。どの句にも氏の文学的蓄積がみられ、オマージュ句として味わい深い。

自選七句は時系列順にすると、以下の通りである。

罪なくも流されたしや佐渡の月　一九五六（昭和三十一）年
涼しさや祭りの後乃秋の朝　一九七三（昭和四十八）年
又や来んもぢ摺り石をしのぶ夏　一九七八（昭和五十三）年
ゆく夏や田ごとを守る石地蔵　一九七九（昭和五十四）年
白たまの消ゆる方に芳夢蘭《ホームラン》　一九八三（昭和五十八）年
行く夏や別れを惜む百合の昼　一九九三（平成五）年
赤くなる松山の城を子規も見た　二〇一四（平成二十六）年

バラエティに富んだ世界観の広さは、そのままキーンの人生に重なる。
これら七句に関しては後述するとして、まずは他に発見した句について述べたい。日付のわかるものは明記し、できる範囲で年代順に写してみたいと思う。

初雪や秋の紅葉も白く見ゆ　一九四七（昭和二十二）年

これはおそらく、記念すべき日本語での俳句第一作である。一九四七年十一月十二日、キーン二十五歳の作。

終戦直後一九四五年秋の中国・青島。細々と開けていたある日本人書店でのこと。キーンが店主と文学書の話などをしていると、「傍らで会話を小耳にはさんだらしい一人の日本人が振り向き、日本の芸術に興味をもっているか」、と尋ねてきたという。これが横山正克。二人は名刺を交換する。キーンは彼の家を訪ね、ミノア芸術からモーツァルトのコンチェルト、さらに京都の寺院から近代の英米文学の比較論まで論じ合ったという。二人は友情を深め、キーンの博士論文から生まれた著書『国性爺合戦　*The Battles of Coxinga*』には「マサカツ・ヨコヤマに呈する」とある。

掲句は、その親友の横山宛の手紙に記されていた。ボストンのハーバード大学で詠んだといわれる。京都に留学する前、キーンはすでに俳句を詠んでいたのである。

英国のウイスキーより美味しサントリー　一九五三（昭和二十八）年

この句が生まれた経緯を横山は自著に書き記している。

一九五三年、キーンは京都に留学、横山が出迎えたがその後まもなくのこと。二人はサントリーの山崎工場を見学する。サントリー創設者の鳥居信次郎が工場を案内し、ウイスキーを振る舞う。その鳥居に記名帳になにか一句、と請われて「すかさず、筆をとるやさらさらと」認めたのだった。

この芳名帳はサントリー社に残っているはずであるが、今のところ行方不明とか。直筆が残っていないのは残念なものの、キーンの若々しい喜びの伝わってくるエピソードではないだろうか。

奥の旅の初《はじめ》や花のぬかる道　一九五五（昭和三十）年

京都留学中、一九五五年春に詠まれたもので、「紅毛おくのほそ道」冒頭にみられる。芭蕉はこの白河の関で「旅心定まりぬ」と記している。自分は旅人となるという気概を得たのである。氏もその芭蕉に倣おうと勇んで訪れた地であったが、案に相違して趣がない。しかも冷たい雨。「白河を出発したとき、誰も私に『白河の関を越えたときどんな句を詠んだか』と問わなかった」と残念がる。そして生まれた句。旅心もまたこの句にて定まったのであった。

文月や筆のかわりに猫のひげ　一九七三（昭和四十八）年
恋そめや庭にきりたる猫のひげ　同

この二句を見つけたときは嬉しかった。車谷弘の芸術選奨文部大臣賞受賞作『わが俳句交遊記』で発見したのだ。

一九七三（昭和四十八）年七月七日、有吉佐和子邸で催された七夕の茶会。招かれたのはドナルド・キーン、上智大学教授のH・グレイザー、ハワイ大学教授のミルドレッド・タハラ、野村證券社長北裏喜一郎、俳優の加東大介、そしてこの日のことを書き残した編集者で随筆家の車谷弘であった。生き生きと描かれたこの一夜の宴に、私たちも席を共にしてみよう。

「古格をふまえた叮重な墨書」の招待状が届くところから始まったこの茶会は、有吉の心遣いに溢れたものであった。茶席にあてられた二階の座敷には、天の川にちなんだ勝海舟の掛け軸、七夕にちなんだ花、違い棚の置物。菓子を載せる梶の葉も、京都から特別に取り寄せたものであった。床の間の掛け軸が勝海舟の書と見て取ったのは、なんとキーン。勝海舟、なるほど、それで……、

「何とよむんでしょうね」

誰にもわからない。するとしばし間を置いて、キーンがすらすらと読みくだしたのである。加東は、『勝海舟』の芝居に出たことのある自分も読めないのに、と目を丸くして感嘆したという。

正客はキーンで落ち着いて立派に正座している。グレイザーやタハラは膝を崩し、戸惑っている様子。

藪内流を嗜む有吉が水差しにしたのはパリ製のガラス器で、それが紫にキラキラと光り、いかにも涼し気であったという。彼女の鮮やかなお点前。お濃茶が廻ってくる。キーンは美味し

そうに一口飲んだであろう。しかしほかの客は軽く口をつけただけ。車谷も濃茶は苦手で、たっぷり残った茶碗をそのまま加束に廻してしまったという。一瞬ギョッとしたようであったが、さすが役者である。うやうやしく茶碗をささげると、さもうまそうに飲みほしたのだった。

「さア、こんどは、俳句会をやりましょう」、食事も済むと有吉が弾んだ声を出す。床の間の軸は、夏目漱石の俳句に掛けかえられ、花も生けかえられた。小粒の鮮やかな真紅を匂わせる花であった。漱石の七夕句といえば、次のような句が思い出される。

晴明の頭の上や星の恋　漱石
別るるや夢一筋の天の川　漱石

「ジャワで『猫のひげ』というんですよ」と紅色の花を指す有吉。

車谷はなるほど『吾輩は猫である』の作者に「猫のひげ」を配したのか、有吉らしい、と思う。ジャワ語つまり、インドネシア語で「クミス（ひげ）クチン（猫）」といい、薬用植物で生薬や健康茶として使われる。ただふつうは白い花で、紅色ではないようだ。句会でのクミスクチンは別のものであったかもしれない。キーンも帰宅後に調べて「タレオメとかいうむずかしいラテン語風の名前」だったというが「クレオメ」のことだろうか。

席題はむろん「七夕」で、めいめいに硯と筆と墨が渡された。アメリカ人の客人も皆硯を引きよせ楽しそうに墨をすり始める。キーンも、グレイザーもタハラも、俳句は初めてという加東も、みな毛筆で俳句を認めた。

車谷が『わが俳句交遊記』に書き留めたのは、北裏の一句、キーンの二句、有吉の一句。

妖艶といふべき紅の猫のひげ　喜一郎
文月や筆のかわりに猫のひげ　キーン
恋そめや庭にきりたる猫のひげ　キーン
天の川の水をくみきて茶の湯かな　佐和子

キーンの俳句の「恋そめ」であるが、これも和歌が重ねられていると思われる。

恋そめし心の色のなになれはおもひかへすにかへらさるらん

『千載和歌集』の「恋歌」太皇太后宮小侍従の歌。恋してからは心の色はすっかり恋に染まり、もう恋するのはやめようと思っても元には戻りそうもない、といった意味だろうか。キーンはこの猫のひげを恋をした女性の「心の色」に見立てたわけで、味わい深くも楽しい。

こうして午後五時半に始まった宴は、夜の十一時近くまで続いたという。ところで、句会の席題は「七夕」であったが、この日のテーマはといえば「舟と星」であった。それゆえ勝海舟も選ばれたのかもしれない。だが、なぜ俳優の加東大介が招待されたのか気づいたのもキーンだった。「スターが欲しかったんですね」、つまり、「スター（星）がホシイ」。一座大笑いとなったのであった。

冬の旅
　鏡に残る
　　花の影
　　　一九七四（昭和四十九）年十二月四日

一九七六（昭和五十一）年三月、石川近代文学館刊行の「鏡花研究」に、キーン「わが愛する鏡花」の講演筆記が収録されている（二〇二一年五月刊『日本を寿ぐ』に再録）。鏡花の『義血侠血』『夜行巡査』『海上発電』『照葉狂言』等の初期作品から『高野聖』はもちろん、「私の一番好きな作品」という『註文帳』『売色鴨南蛮』等々三百ほどの作品を読みこんでの講演には、圧倒的な説得力がある。鏡花への傾倒が縦横に語られる。講演の名手としても名高かったキーンの名演であり、私も紙上で堪能した。

講演後の、小松空港への途上。石川近代文学館創立者で初代館長新保千代子のノートに、この句を残している。

一読、鏡花の「鏡」と「花」が詠みこまれていることがわかる。新保はその「卓越したその日本理解」に驚嘆すると同時に「独特のどこかお茶目で、そのくせ実に丁重な日本語で話して下さるのが、ひどく親しみを覚えさせられた。とても親切で、教養豊かな親戚のお兄様とご一緒しているような気持になり、時間はまたたく間に過ぎた」と記している。

キーンは講演のために入念な準備をしていたという。ユーモアたっぷりに聴衆を笑わせながら、いざ講演の再録をしてみると、そのまま立派な文章になった。この俳句も即吟ではなく、事前に練っておられたのかもしれない。

金沢といえば、誠己氏に見せていただいた色紙二枚もあって、達筆な筆文字である。

稲刈や
　二百とせ乃
　　記念《かたみ》なり

一九七六年九月吉日　　ドナルド・キーン

雲の峰
　いづこへ去りぬ
　　秋の山

昭和五十一年九月十九日
於金澤
ドナルド・キーン

「稲刈や」の色紙裏には、前出の新保が次のように記している。

この色紙は米国建国二百年記念に来沢されたD・キーン先生が米国に米をかけて「二百とせ」とよみこまれた。日本人よりはるかに優れて日本的ウィットに富まれることを証するものです。つる幸へのご祝宴をおよろこび下さって九月十九日朝金沢を離れるに当り、お書き下さいました。

「つる幸」は金沢を代表する料亭で五十年以上の歴史があった。郷土料理で客を魅了し、有名人の来店も多かったというが、二〇一八年十一月に閉店している。

「雲の峰いづこへ去りぬ秋の山」は、波模様のある色紙に、やはり三行に書かれている。芭蕉の「雲の峯幾つ崩て月の山」を彷彿とさせる。キーンの頭の抽出には芭蕉の句がいくつも入っており、いつでも即座に引き出せたのであろう。

伊賀にいて芭蕉を思はす秋の暮　平成十一年十月十二日

毎年伊賀市では、芭蕉の命日にあたる十月十二日に「芭蕉祭」を催す。キーンは一九七五（昭和五十）年に初めて訪れ、以後何度も参加している。茶屋「鍵屋の辻」で、当時文部大臣であった親友の永井道雄と一服したキーンは、長家陽子店主に「なにか芭蕉の句を言えますか」と尋ねる。とっさに「月日は百代の過客にして……」と店主が答えると、キーンはたいそう喜んで次のように色紙を書いたという。

月日は百代の過客にして
昭和五十年十月十二日
ドナルド・キーン

数馬茶屋にて

「鍵屋の辻」に残るもう一枚は、永井が記したもの。

高い木には
深い根がある

キーン氏とともに

すっかりキーンファンになった店主とは、長く交流が続いたという。長家宛の色紙がもう一枚、「芭蕉と即興詩」という講演を行ったときのもの。

芭蕉と即興詩を致す
　芭蕉祭の日に
平成十六年十月十日　　ドナルド・キーン

即興詩はまさにキーン自家薬籠中のものでもあった。
さらに伊賀関連の句としては、次のものが残されている。

　さまざまのこと思い出す伊賀の秋　　二〇一四年
芭蕉翁生誕三七〇年記念事業　三重県伊賀市特別寄稿

むろん芭蕉の「さま〴〵の事おもひ出す桜かな」を思って作られたものであろう。芭蕉が三重の伊賀上野に帰ったときの句である。「おくのほそ道」の旅に出る一年ほど前、芭蕉四十五歳。若き日の主君で敬慕していた蟬吟（藤堂良忠）を思って詠んでいる。この句に寄せてのキーン挨拶句であるが、実際晩年の氏は「さま〴〵のこと」を思い出しておられたであろう。

初春や＊
吉日めでて
　長く飲む　　ドナルド・キーン
昭和五十九年正月（一九八五年）
（＊手書きの文字は「大」とも見えるが句意から「や」と取った）

伊豆宇佐美にあった名物料理店「吉長」の「宇佐美の味『活魚料理』」「お座敷で楽しくお料理を！」とあるチラシに印刷されている。

キーンは伊豆にも仕事場を持ち、この「吉長」にもよく通ったそうである。同じチラシには、永井道雄と安部公房のサインも掲載されている。

吉長さん江
山に花
味に心　　永井道夫

昭和六十年正月　（一九八六年）

山を越えて吉長を
　食べにくる　　安部公房

キーン俳句には「吉長」の「吉」の字が詠み込まれており、氏の細やかな心遣いが窺われる。

真夜中に初声聞かす寺の鐘
元旦や旧暦ならば霞むらん
初空の煙突の上に富士の山　　一九九四（平成六）年

『プロアマオープン平成大句会』に収録されている。世代・国籍を超えて人気の高まる俳句から、さらにプロとアマチュアの壁を取り除いた、著名な俳人、各界の俳句愛好家300人以上が参加、1095句をイラストとともに収載した本である。

三句が印刷されたページには、キーン自身の書き込みがある。

「梅さんに　注・亀の湯の煙突です
94・10・NHKの横山さん宅にて　元妙義湯〇〇。」

これは三句目の「初空の煙突の上に富士の山」の「煙突」へのコメントであろう。友人の梅田純一は「キーンさんは『亀の湯』と書いてくれたが、実際は見えなかったはずだ。キーンさんの優しさだと思う」と話す。梅田については後述したい。

添えられたイラストは、大都会のビル群とスケートリンクで遊ぶ人々、木々は枯枝、冬の景である。キーン句、次の誓子句いずれも新年を詠んでいるといって良いであろう。同ページには俳人・山口誓子の三句。

天井にまで初釜の湯気昇る
邸坂羽子《やしきざかはご》つくもこの傾斜にて
ゴルファーに屠蘇を飲まして酒気許す

誓子が亡くなったのは一九九四（平成六）年三月二十六日。この本は一九九四年九月刊であるから、遺作に近いだろう。キーンは誓子の句が好きと記しているから、並んで印刷されたことを喜ばれたのではないか。

岩むらの岩より

うまし秋の酒　一九九三（平成五）年

色紙に二行分かち書き、筆で大きく書かれている。絵は住吉弘人で、満月が白く浮き出ているなかに徳利とお猪口の墨絵である。駒込の料亭「岩むら」で一九九三年十一月二十二日に呑鳴門会（ドナルド会）が開かれた際の句と思われる。ほかに「省吾」と「正」のサインがあるが、それぞれ渡辺省吾と横山正克であろうことは次の色紙から判る。

同じ四名が再び「岩むら」に集ったときの一枚。

又ぞ来ん
　蝶のとび来む
　　冬の夜　　ドナルド・キーン

為岩村
平成八年十二月二十五日
ドナルド・キーン
横山正克

渡辺省吾
住吉弘人（絵）
於岩むら　　一九九六年

色紙には蝶が二頭飛んでいる。それに埴輪のような人の顔がひとつ。蝶にも顔が描かれている。自分たちを冬の蝶になぞらえたのだろうか。調べた範囲では「岩むら」での二つの会には、三年の隔たりがある。友情も、美味しい料理や酒も変わらず、楽しそうな宴席の様子が伝わってこないだろうか。主客のキーンはいつもユーモアがあり、座を盛り上げたそうだ。氏は一流の学者であると同時に、人を喜ばせ、自分も楽しめる究極の社交人でもあったのだろう。

さてここで、はじめのキーン自選七句に戻って、各句を振り返りたいと思う。キーン訳も付す。

罪なくも流されたしや佐渡の月　　一九五六（昭和三十一）年
Though guilty of no crime
I would gladly be exiled——
The moon of Sado

「佐渡ぶんや紀行」にみられる句。これはおそらくキーン俳句の中で最も知られたものだろう。流刑地であった佐渡。順徳天皇、日蓮上人、世阿弥など罪を問われ、流されている。彼らの中には無辜の者たちもいた。それらの歴史、文学の積み重なりを踏まえたうえで詠まれているのである。評論家の村上護との対談でも、この句は世阿弥を下敷きにしている、と語っている。『徒然草』第五段で「配所の月、罪なくて見んとも」とあるところからきた「佐渡の月」なのであるから、村上氏も「深いものがある」と称えている。

キーンと長年友情を結んだ俳人の黒田杏子氏も、追悼文集『ひとり灯の下にて』で、次のようにこの句との邂逅を記している。

ある年、佐渡の山本家で立派な「訪問者記帳アルバム」を見ていた黒田はあっと驚く。「罪なくも流されたしや佐渡の月　ドナルド・キーン」と、大判のアルバム一頁を見事に使った堂々たる一句を見つけたのである。その日のうちすぐに、佐渡の小木郵便局から速達を投函したという。帰宅すると「おはずかしいものをご覧頂きました」とすでにキーンからのカードが届いていたのである。俳縁の不思議さが現れたエピソードである。

涼しさや祭りの後乃秋の朝　　一九七三（昭和四十八）年

How cool it is

This autumn morning after
The celebration

二十年に一度、伊勢神宮の社殿が建て替えられる。式年遷宮である。この行事にキーンが初めて参列したのは京都に留学した一九五三年であった。芭蕉も最後に向かった伊勢。遷宮があると聞き、ぜひ参加したい、と下宿近くの北野天満宮に相談しに行った。すると特別に宮司に招待されたのである。

当日、紋付もモーニングもなく普通のスーツ姿で少々気まずかったものの、気持ちを昂ぶらせて式に臨んだキーン。見回しても外国人は自分一人だけ。辺りはシーンと静まり返っている。薄暗くなってから行列が始まった。古い社殿から新社殿へ。列は一歩一歩と進んでいく。最後に「ご神体」を覆った絹の幕が通ったその時。参列者の間から拍手が湧き起こり、その波が横へ横へと流れ広がっていった。参列者の心に神がいたのだ。キーンが日本で見た祭りの中で一番感激した瞬間であったという。

それから二十年後の一九七三年、再び式に臨んだキーンは、駐日大使など外国人ばかりの席に通された。日本人と時間を共有したかったキーンは落胆する。前回は終戦後まだ八年で、唐草模様の風呂敷で作ったスカート姿の女性など、粗末な服装の者もいたが、いまや誰もが豊かな身なりに変わっていた。

さらに一九九三年、二〇一三年と、キーンは計四回、式に参列している。三回目は司馬遼太郎と同席であった。

四回目は神宮行事の一環である「お白石持行事《しらいしもち》」に参加する。白石を積んだ奉曳車の綱引きはしなかったが、夕方宇治橋で白石を受け取り、まとわりつく熱気に汗を滲ませながら、一キロ強歩いて新社殿に納めたそうである。二拝二拍手一拝。西の空に三日月が浮かび、千三百年以上も前から続く伝統行事の重みを感じた、とある。日本国籍を取得してからはじめての遷宮に感激もひとしおであったという。

「涼しさや祭りの後乃秋の朝」の句は、一九七三年、二度目の遷宮式の翌日、宿泊した老舗の麻吉《あさきち》旅館に残したもの。二〇一三年に四十年ぶりに自分の句に再会したキーンは、『芭蕉の影響を受けたなかなかの句』と恥ずかしながら自賛しておこう」と嬉しさを隠していない。この色紙は、いまも旅館のお女将が大切に保存しているとのことである。

二〇一三年、最後に参列した遷宮の二年前には、東日本大震災、福島原発の事故が起きている。氏は多くの被災者を慮りながら、「この国は、新社殿のようにまっさらになって必ず立ち直る」と記す。この言葉を思って掲句を読み返すと、その心がまた迫って感じられる。

又や来んもぢ摺り石をしのぶ夏

Will it come again——

A summer when I am drawn
To the pattern stone?

芭蕉が足を止めた「信夫文知摺」。『おくのほそ道』にはこう描かれる。

あくれば、しのぶもぢ摺の石を尋て、忍ぶのさとに行。遙山陰の小里に、石半ば土に埋てあり。里の童部の来りて教ける。昔は此山の上に侍しを、往来の人の麦草をあらして、此石を試侍（摺り染めをやってみる）をにくみて、此谷につき落せば、石の面下ざまにふしたりと云。さもあるべき事にや。

早苗とる手もとや昔しのぶ摺

キーンはこの地を訪れた際の感興を、こう記す。

［芭蕉の］記述から推して、それほど大きな石ではあるまいと思っていたのだが、案内された石を見てびっくりした。高さ約三メートル、幅もほぼそれくらいかと思われる大きな丸い石なのだ。これほどの石を谷に突き落すには、畑を荒らされて頭に来た農夫が何人も必要だったことだろう！

持ち前のユーモアたっぷりに文知摺について述べている。そして芭蕉の句に加えて、百人一首の源融《みなもとのとおる》の歌を挙げる。

陸奥のしのぶもぢずり誰ゆゑにみだれそめにし我ならなくに

芭蕉もこの和歌に依って昔を偲んだのであった。キーンは、一八九三（明治二十六）年七月にここを訪れた正岡子規も忘れない。

涼しさの昔をかたれしのぶずり　子規

そして「この有名な石に触発されて出来た詩歌の数々に、わたしもささやかな一句を加えよう」と付けたのが「又や来んもぢ摺石をしのぶ夏」であった。金子兜太はこの句について寸評している。

この「又や来ん」は日本の俳人でもなかなか詠めないです。ずっと日本の文学を読みこなしておられるから、言葉の使い方が上手です。

（「詩の魂にみちびかれて」『別冊太陽　ドナルド・キーン』）

この句のみならず、キーン句の重層性を端的に発言しているのである。

ゆく夏や田ごとを守る石地蔵
Summer is passing by!
Guarding each of the paddies
A stone Jizo

掲句が生まれたのは「信州ざざ虫紀行」中、長野県姨捨へ旅したときのこと。芭蕉の足跡を訪ねるというので、キーンは心を弾ませていた。地元の人に勧められた長楽寺には多くの句碑が並んでいた。一番古いのは一七六九（明和六）年の芭蕉の句碑。

俤や姨《おば》ひとり泣《なく》月の友　芭蕉

ほかにも宗祇、加舎白雄、荒木田守武などの句碑があった。キーンは小林一茶の句も思い出す。

姥捨は歌枕の地として名高く、中でも「姥捨の月」は『古今和歌集』の「わが心なぐさめかねつさらしなや姨捨山に照る月を見て」という詠み人知らずの歌以来、さまざまに詠まれてきた。特に棚田が増えるにつれ、「姥捨の田ごとの月」は歌や俳諧、紀行文の格好の題材となってきた。だからキーンは、「この土地の名を高からしめている田ごとの月を一目見ようと決意」「どちらへ曲っていいのか分からぬままに、夕暮前の光をたよりに丘を下っていくのは、いささかやっかいだったが、うれしさは格別だった」と、芭蕉の足跡を辿る喜びを記す。そしてついに「一枚の田の中央に小さな地蔵が伸びた稲のなかに埋《うず》もれるようにして立っているのを発見した」のである。

それこそ目指すものだった。わたしは、その地蔵のところまで行ってみた。かろうじて田という文字が彫られているのを読み取ることができる。かつては、田ごとの月とあったことは間違いない。なだらかな山腹に作られた無数の田んぼに映る月影を味わうのに最適の場所とされていた地点に、ついに立つことができたのだ。(「日本細見」『ドナルド・キーン著作集第八巻』)

この文章とともに「ゆく夏や」の句を読むと、キーンの喜びが実感され、なんども繰り返したくなる。英訳を見ると感嘆符「!」が切れ字の「や」に当てられていることがわかる。これはまさに感嘆の一句なのだ。

白たまの消ゆる方《かなた》に芳夢蘭《ホームラン》　一九八三（昭和五十八）年

In the direction
With the white ball disappeared
A fragrant orchid

永井道雄の軽井沢の別荘で、皆で甲子園のテレビ番組を観戦していたときの作。メモ用紙に赤いサインペンで、「白玉の消ゆる方に芳夢蘭　大正七十二年八月十五日　どなるどきいん」と署名されている。晩年のエッセイ『黄犬ダイアリー』を開いてみよう。

何を隠そう、私も少年時代には熱心な野球ファンだった。生まれ育ったニューヨーク市ブルックリンは当時、ドジャースの本拠地で試合をよく見に行った。往年の名選手ルー・ゲーリックを見たこともある。だが、やる方はからっきし。誰もチームに入れてくれないので、母親が賄賂を使って試合に出させようとしたこともあった。

九歳で父と初めて欧州旅行に出かけたときだ。太平洋を渡る船上で子ども同士が集まると、どうしても野球の話になる。私は下手なために決まったポジションなどないことを言い出せず「捕手だ」とうそをついた。船上で「腕前を見せてくれ」と言われやしないかとヒヤヒヤ。ほろ苦い思い出だ。

そんなキーンが共感するのは正岡子規である。子規も体格に恵まれず、病弱で少年期はスポーツに関心がなかった。ところが一高時代彼はなぜか野球に熱中し、肺病で喀血するまで捕手として奮闘した。ただし得意ではなかったようだ。「打者」「走者」「四球」「直球」「飛球」など用語の多くは子規の訳語だ。ベースボールを「野球」と訳したのは子規ではないが、幼名「升《のぼる》」にちなんで「野球《の・ぼーる》」という雅号ももっていた。没後百年の二〇〇二年には、野球の普及への貢献が評価され野球殿堂入りしている。

キーンは子規の野球の句を挙げ、『キャッチボールをやろう』と高校球児の声が聞こえてきそうだ。こうした日常の描写こそが子規の真骨頂」だと手放しで褒めている。

春風やまりを投げたき草の原　　子規

キーンの野球句は、「芳夢蘭」の当て字が楽しい。ホームランが「芳」しさと「夢」をもつ「蘭」の花であるとは、日本人の私たちにはなかなか思いつかない。初学のころから漢字に熟達していたキーンの真骨頂といえよう。

翻って英訳をみると、なんと「ホームラン」の語がない。「ホワイト・ボール・ディスアピアード」、つまり「白球が消えた」。ホームランを省略しているところが核心だ。三行目には「香り高い蘭」を配している。野球の句に「蘭の花」を取り合わせると、英詩が「ハイク」に昇華する。

俳句を保管している永井道雄の長女育代さんは、「その時に自分の悪ふざけで、家にあった和菓子の箱で表装し壁にかけたと記憶しています、手近にあったメモ用紙と赤い水性ペンでお書きになったので年月を経て褪色が激しく、かなり読みにくくなっています、相当あせてからパウチ加工を施したので時すでに遅しの感があり悔やまれます」と、キーン誠己氏に話していたという。私は写真で拝見しただけであるが、確かにかなり掠れている。しかし、キーンが野球観戦中に生まれたこの一瞬が今も残されているのは、貴重であろう。

行く夏や別れを惜む百合の昼
Departing summer
How sad to leave behind me
A noon of lilies

一九九三年、徳島県宍喰の陶芸家・梅田純一さんの絵に寄せて、と前書きがある。本書プロローグにも記したが、この句は私とドナルド・キーンを結んでくれた一句でもある。

ある晩、眠れずにNHK「ラジオ深夜便」を聞いていると、梅田純一という人のインタビューが始まった。ぼんやり聞いていた私は、はっと覚醒した。この人がキーンと長年親交を結んだあの陶芸家の梅田氏ではないか。しかも話題はなんと、この「行く夏や別れを惜む百合の昼」に移ったのである。私は起き上がってメモを取っていた。

翌日すぐに誠己氏に連絡先を教えていただいて、電話で話を伺った。気さくで心温かい梅田。キーンがすぐ親しみを覚えられたのもうなずける。キーンとは、デパートでの個展で知り合ったという。個展会場で染付の鉢を買ってくれた老紳士が、ドナルド・キーンその人だったのである。その後文通が始まり七十通以上もの手紙をもらった、というのは羨ましいばかりだ。

一番聞きたかった「百合の昼」の句について伺う。キーンとともに姥百合の群生地に行ったときのこと。絵を描く梅田に歩み寄って、この句を絵の余白に書き入れたそうである。「『百合の昼』と言うのがいいよね」と梅田。「『昼の百合』だったら台無しだよね」

私も同意する。緑の野に咲く見渡す限りの百合。どんなに美しくいい香りがしたであろう。緑と白の世界で深呼吸するキーンの姿が思い浮かぶ。

ただこれだけであればいい句だね、で終わったであろう。実はここにはもう一つ、意味が重ねられていたのである。野根山二十三士の殉難。あまり知られていない幕末の事件である。

一八六四(元治元)年、明治維新前夜の七月。土佐藩の勤王の志士二十三名は、尊皇攘夷を訴えて脱藩。しかし藩は反乱とみなし、討伐隊を送る。彼らは阿波国宍喰に逃れようとするが捕らえられ、全員斬首されたのであった。同じ土佐藩を脱藩した坂本龍馬や中岡慎太郎が幕末史に大きな名を残した一方で、野根山二十三士は露と消える。キーン句には、この悲劇も読み込まれていたのである。

俳句は二重三重の意味を同心円のように重層的に詠むことをキーンは説いたが、この句にもそれが反映している。「別れを惜む」のはキーン一人ではなく、その地に眠る野根山二十三士でもあった。百合の花は弔いの花でもあったのである。

百合の白に葉の緑が清々しい絵。そこに添えられたキーンの句。その一枚を見せていただく機会があった。キーン氏のマンションに大きく飾られていたのだ。玄関ドアを開けた瞬間、目に飛び込んできた百合の絵。誠己氏からいただいたポストカードの原画に会えるとは。感激もひとしおであった。

もう一句、梅田氏の絵に添えられた句があり、写真で見せていただいた。和紙に水彩画、ピンクの可憐な芙蓉が三輪。その絵とのコラボである。

山おくにぱっと咲き出す芙蓉かな

芭蕉の「梅が香にのつと日の出る山路かな」を思わせる瑞瑞しい芙蓉の句ではないだろうか。

また梅田の自宅兼アトリエである廃校の黒板には、キーンの言葉がチョークで残されている。

Work ever harder　　いよいよ仕事に励め
Enjoy life ever more　　ますます人生を楽しめ（拙訳）

キーン自身の生きる姿勢そのものと感じる。日本文学を極めるとともに、最後まで人生を楽しんでいらしたのだ。海南町の宍喰図書館にはドナルド・キーン文庫が誕生。三十年にわたる友情の後、キーンの骨壺を作陶したのは梅田純一であった。

赤くなる松山の城を子規も見た　　二〇一四年十一月二十五日松山
The red leaves
of Matsuyama castle
Shiki saw them too

これは松山で新井満と交わした句で、おそらくいま見つかっている最後のキーン俳句である。『正岡子規』の評伝を執筆したキーンにとって、子規の出生地松山は大切な場所。その地にて詠んだことは感慨深かったであろう。この句についても、俳人の金子兜太はキーンとの対談で褒めている。

「赤くなる」と「子規も見た」という掛け合いのような言い方、この二つがぶつかり合うところにリズムが出てきている。松山の城だけじゃなく、「赤くなる」のを見たというところで響きます。（「詩の魂にみちびかれて」『別冊太陽　ドナルド・キーン』）

兜太は、キーンの『石川啄木』についてもこう評価している。

キーンさんの文章は、散漫に書いていっているようだけど、全体にリズムがあって、そのリズムの中に啄木の悲しみがにじみ出ている。（中略）キーンさんはやっぱり詩人ですよ。散文の中にあんなに詩がなめらかににじむというのは素晴らしい。（前掲書）

兜太はキーンが詩人であること、詩のリズムを体の中にもっていることを見抜いているのだ。

以上自選七句を見てきた。

キーン自身は「あんまり作りませんが、時々作ります。まア、酔っ払って、作ることもあります」と、『銀座百景』での戸板康二、車谷弘との鼎談でも述べる。他の場面では「ときどき、サイン会で『どうぞ何かを書いてください』と言われる場合は俳句らしいものを書くことがあります。しかしそれは文学になりません」と謙遜する。また『黄犬交遊抄』のエッセイでは、こんな風にも書いている。「その晩は色紙になにか書かねばならなくなりそうな予感がしたので、私はそっと指を折って、俳句になりそうな音節をひねり出したのだった」と。

「紅毛おくのほそ道」を旅した若き日のドナルド・キーンは以来、俳句を詠む際にはまさに「紅毛芭蕉」であったのだ。プラトンがソクラテスに、芭蕉が西行に、去来が芭蕉に倣ったように、キーンも芭蕉に倣ったと言ってよいのではないだろうか。

芭蕉の説く「わび」「さび」「しおり」「細み」「軽み」それらの教えはどの句にも反映されている。ことに晩年の芭蕉が志向した「軽み」の境地をキーンは深く捉えていたと思う。それは何十年にわたる研究と生き方から氏の血肉となり、自ら生まれたものといえよう。兜太は「世阿弥、芭蕉、キーンさんをあわせて北陸三羽烏、三大詩人ですよ」と発言しているが、あながちお世辞ばかりとはいえないかもしれない。キーンは詩心を備えた詩人でもあったのだ。

山本健吉は、蕉風の「俗談平話を正す」という理念にも触れている。俗談平話、すなわち日常の平易な言葉を雅語に高めるべきだ、それこそが俳諧の本質、風雅であると。山本は、芭蕉は連衆たち「一座の中で絶えず相手に語りかけ、笑みかける」「談笑の場」で、それを貫徹した、という。キーン詠の句もまた、単に色紙の走り書きの挨拶句にとどまらず、談笑の場で俗談平話を正そうとした風雅であった、といったら言い過ぎであろうか。

エピローグ

まさか芭蕉像に迎えられようとは。

ドナルド・キーン邸のマンションの玄関で私は驚いた。玄関ホールに小卓が据えられ、そこに二体の芭蕉像があったのだ。壺にドライフラワーがこんもりと挿され、編み皿にはホオズキが三個置かれている。その両脇を守るように、向かって右には芭蕉の立像が、左には坐像があった。

立像はブロンズだろうか。茶人帽の僧姿。右手に杖、左肩には網代笠をかけ、首から頭陀袋を提げたお馴染みの「おくのほそ道」の出で立ちである。緑青が浮きでて少し古びているが、振り向き加減で、肩越しに今にも話しかけてきそうな表情だ。同行の弟子曽良も現れそう。脚絆に草履の芭蕉は、大理石の台座から一歩踏み出そうとしている。坐像の方は陶製で、アイヴォリー色がつややかである。彫りの深い鼻筋の通った顔。座禅を組み瞑想するかのように前を見つめている。

「動」と「静」の芭蕉がここにいた。

旅装束の芭蕉は「動」、つまりドナルド・キーンの人生が「旅」であったことを象徴しているように思われた。ニューヨーク生まれのドナルド青年は海を渡り、戦後日本に留学。そこで芭蕉の「おくのほそ道」も歩きいったん帰国。やがてニューヨークのコロンビア大学と日本を往復しながら、半年ずつ教鞭をとる生活が、約四十年続く。それだけではない。旅を愛したキーンは世界中を飛び回った。九歳のときに父親とヨーロッパ旅行をしたのを皮切りに、戦時中の駐屯地ハワイや、戦場のアッツ島。戦後に留学したイギリス、ケンブリッジ。そのほか中国、インド、東南アジア、中東、アフリカ、中南米、オーストラリア、ヨーロッパ等々。年譜をざっと見ただけでも旅の連続である。移動距離は地球何周分であろうか。

最晩年になっても旅心はやまず、「ニューヨーク行きの切符は取りましたか」と、誠己氏になにかと確かめていたという。「旅に病で夢は枯野をかけ廻る」の芭蕉の境地が思われる。旅を栖とした「動」のキーンだった。

その一方で、瞑目する芭蕉像には、研究者としてのキーンが重なる。芭蕉がそうであったように、キーンもまた生涯の最後まで書き続けたのだ。旅をしながら、どうやってこれほどの著作群を築き上げたのであろう。それも世界を動かす一流の著作を。芭蕉の静かに瞑目する姿は、その鑑であったのかもしれない。

芭蕉の二体の像が玄関にあるのを目にした時、私には確信のようなものが生まれた。対照的な芭蕉の姿は、キーンにとってかけがえのないものだったに違いない……。どのお客様を歓待するのも、日々氏を迎えるのも、この二人の「芭蕉さん」だったのだから。

遺影にお線香をあげ、手を合わせる。なんと生き生きと温かな笑顔であろう。「先生、芭蕉さんに迎えていただきました。先生は生涯、芭蕉さんと共にいらしたのですね」。キーン氏はにっこりと頷かれたようだった。玄関の芭蕉像を見つけただけでも心躍った。

でもそれだけではなかった。この日のキーン邸への訪問では、もう一つ出会いがあった。誠己氏が「この部屋もお見せしましょう、どうぞ」と導き入れてくれた和室は、ギャラリーの趣き。壁には絵、棚にも小テーブルにも皿、壺、仏像などが所狭しと並んでいる、旅の先々で買い求めたものだという。世界中を颯爽と歩くキーンの姿が思い浮かぶ。旺盛な好奇心で、どんな街であっても活発に歩み、そこに住む人々に話しかけ、親しまれたであろう。骨董店を見つければ身軽に入っていく。目を輝かせてさまざまな品を手に取る。

「父は、こういったものを集めるのが好きだったんですよ。決して高価なものではないんですが、気に入ったものを一つ一つ集めて、並べ変えては愉しんでいましたね」

押入れにも包みや桐箱が積み上がっている。何という宝の山。

アルコーヴには軸が掛けられていた。南宋画だろうか。雄壮な山水が描かれ、右上に賛が入っていた。近づいて落款をよく見ると、なんと「不折」の二文字。不折、不折とは、まさかあの不折？　誠己氏に尋ねると、

「そうなんですよ。中村不折の作品なんです。父はこれを中国で買ったそうです」との答え。終戦直後昭和二十年、キーンがまだ来日する前のこと。中国の青島でこの掛け軸に出会っていたのである。そのときは中国人画家の作と思っていたところ、実は日本人の、それも不折の作と後々判明したのだという。画家・書家の不折については本文にも記したが、子規の親友であり、俳句と深い関わりのあった人物である。画賛をなんとか解読すると、次のように読めた。

雲開遠嶂碧千畳
雨過落花紅半渓

南宋時代末期の詩人真山民の七言律詩の一節らしいことが分かった。「雲は遠くの峰を開き、千畳の青を重ね、雨は落花の上を過ぎ、渓流は半ば赤くなっている」というほどの意味だろうか。

どのような来歴で、この掛け軸が青島に至ったのか。不折は、子規とともに従軍画工として中国に渡った。子規は病膏肓に入りすぐに帰国するが、不折は当地の文物に触れたのを契機に中国の書画骨董を蒐集し、いまでは文化財としても貴重なものとなっている。コレクション売買の過程で、不折の方も自作を譲ったのかもしれない。ともあれ、その一幅の山水画はキーンのもとへ渡り、最後まで先生の目を楽しませていたのだろう。

「ドナルド・キーンと俳句」というテーマは、私には文字どおり「おくのほそ道」となった。ほかに類書は見当たらず、膨大な著作に埋もれてもがくばかり。そもそもこのテーマでよかったのだろうか。細道をとぼとぼ歩みながら、時に心細くなった。そんな私の前に現れたのである。

芭蕉、不折、子規が。

点と点が繋がり、輪となった。ミッシング・リンクがはまっていく音が聞こえた。シンプルで美しい答えが、ここ、キーン邸にあった。キーンの人生は俳句と分かちがたいものだったのである。私はなにも迷うことはなかった、先生はこの旅も、共に歩んでくださっていたのだ。今日、俳句は世界各地で受容され、それぞれの言語で独自の文化を開花させている。キーンが日本文化を世界に伝道するうえで、俳句を真木柱としていたのが、そのひとつの理由であった。俳句だけではない。いまや連歌も、俳文も、世界文学の大樹に有機的に繋がっているではないか。

その日、私は書斎も見せていただいた。本が積み重なった大きなデスク。そのデスクの中央にはなんと、『源氏物語 A・ウェイリー版』が置かれていた。妹森山恵と三年半をかけて翻訳した、その第一巻が。あのときキーン氏に、「私たち、アーサー・ウェイリーの源氏物語を日本語に戻し訳しているのです」と伝えた作品。もう一度お目にかかることは叶わなかったけれど、キーン氏が書斎のデスクで書き物から目を上げれば、そこには拙訳著があったのだ。ほんとうに喜んでくださっていたのだ、と胸が熱くなった。キーン先生とともに俳句の道を模索してきてよかった、と心から喜びを感じられた瞬間であった。

海外での俳句受容については書き残したことが多々あったが、本書のテーマを鑑み割愛した。私自身、北欧スウェーデン、フィンランドやフランス、アメリカなど、国外の俳人とさまざまな交流があり、英語、フランス語俳句の翻訳も手がけている。またNHKワールドTVの俳句番組「HAIKU MASTERS」では、選者も務めた。その経験から感じたことも編み入れたかったし、とくに「世界」「海外」といいながら、アジア、アフリカ、中東地域などに触れられなかったことは悔やまれる。改めて記す機会があればと願っている。

また本書では、はじめてキーンの俳句を集めることができた。こうして一つにまとめると、豊かな世界が立ち上がってきた。「芭蕉ことドナルド・キーン」と名乗るほど、芭蕉を心のよりどころとしたキーン。その生涯を通しての句世界を味わっていただけたら嬉しい。

キーンの辿った「おくのほそ道」は、芭蕉の旅路と等しく険しい道を切り開くものであった。「つひに無能無芸にして只此一筋に繋る」という芭蕉の言葉を自叙伝のエピグラフとし、たとえ山や川でさえも滅びたとしても言葉は残ると信じたキーン。その一筋の道に少しでも光を当てられたのなら本望である。

最後になりましたが、インタビューに答えてくださったキーン先生ゆかりの方々に心から感謝申し上げます。愛弟子のジャニーン・バイチマン氏、東京新聞の鈴木伸幸氏、陶芸家の梅田純一氏、日本文学研究者のツベタナ・クリステワ氏。直接お話を伺うことは叶わなかったものの、メールで励ましの言葉をくださったコロンビア大学ドナルド・キーン日本文化センター所長のデヴィッド・ルーリー氏。またキーン作品の名翻訳者、角地幸男氏にも温かいお言葉をいただきました。

キーン先生のことを伺うと、どなたもが口を揃えて、どれほど学識に溢れた偉大な方だったか、という尊敬の念と同時に、温かく思いやりのある方だった、と心を込めて話していたのが印象的でした。最後のエッセイ連載を担当された鈴木記者に、亡くなられたころの様子を伺うと「ついに来るべきものが来たか、と思いました」と悲しそうにおっしゃったのにも心打たれました。ご長命でありながらこれほど惜しまれる最期。何と大きな方だったのか。クリステワ氏の「ドナルド・キーン先生という奇跡」という言葉が蘇り、胸に迫りました。

ご子息の誠己氏には、特別にお礼を申し上げたいと思います。私が「お父様と俳句について書いています」と伝えると、惜しみなく資料を見せてくださいました。キーン俳句を発見しては、「こんな句がありました!」と互いに報告し、喜びあったものです。軽井沢の山荘にも、東京のマンションにもお招きくださり、キーン先生のお墓参りも叶って、幸せな時間を過ごすことができました。深くお礼申し上げます。俳人の黒田杏子氏には『源氏物語』を顕彰してくださり、またその後も無能無芸の私を信じ、ゆく道を照らしてくださいました。感謝の念でいっぱいです。ありがとうございました。元白水社の和氣元さんには、原稿が遅れがちな私を忍耐強く励まし、一冊の本にしてくださいましたこと、感謝申し上げます。水戸部功氏の美しく格調高い装丁にも感動しています。ありがとうございます。

祈りとともに見守ってくれた両親にも感謝したいと思います。

いま私の目の前のデスクには、キーン先生のお墓の黄犬《キーン》の足跡からそっと拾った桜落葉が三枚並んでいます。執筆中書きあぐねるとその葉を手に取っては、一度だけお目にかかった先生を思い出し、力をいただいたのでした。虫喰い朽ちてなおその葉は不思議なほど鮮やかな明るい色を失なわず、息吹を感じさせてくれました。

桜が歳歳花を咲かせるように、キーン先生の著作も決して命を失いません。「おくのほそ道」の壺の碑で、たとえ山河がなくなっても「言葉」は永遠に残るとおっしゃったとおり。

先生の豊穣な「言葉」に埋もれ、ともに歩めたこの月日は思えば幸せに満ちたものでした。六月十八日は先生の百歳の誕生日。その記念にこのささやかな本を、深い感謝の念とともに、墓前に捧げたいと思います。

二〇二二年五月吉日

なお本書における松尾芭蕉の俳句（発句）の表記は『山本健吉全集第六巻「芭蕉全發句」』（講談社、一九八三年）によった。芭蕉以外の句ついては、ドナルド・キーンの著作から引用した。

参考文献

キーン、ドナルド『ドナルド・キーン著作集』（全十五巻　新潮社　二〇一一―二〇）
――『日本文学の歴史』（全十八巻　中央公論社　一九九四―九七）
――『日本の文学』（吉田健一訳　中公文庫　二〇二〇）
――『正岡子規』（角地幸男訳　新潮社　二〇一二）
――『古典を楽しむ　私の日本文学』（朝日選書　一九九〇）
――『日本文学を読む・日本の面影』（新潮選書　二〇二〇）
――『百代の過客　日記にみる日本人』（金関寿夫訳　講談社学術文庫　二〇一一）
――『百代の過客〈続〉』（金関寿夫訳　講談社学術文庫　二〇一二）
――『ドナルド・キーン自伝［増補新版］』（角地幸男訳　中公文庫　二〇一九）
――『ドナルド・キーンの東京下町日記』（鈴木伸幸編　東京新聞　二〇一九）
――『日本を寿《ことほ》ぐ　九つの講演』（新潮選書　二〇二一）
――『日本人の質問』（朝日文庫　二〇一八）
――『黄犬交遊抄　追悼　キーン先生』（岩波書店　二〇二〇）
――『ひとり灯の下にて　ドナルド・キーン追悼文集』（ドナルド・キーン記念財団　二〇二一）
――「わが愛する鏡花」（『鏡花研究』石川近代文学館　一九七六）

――「私の『源氏物語』」（『源氏物語千年紀記念　源氏物語国際フォーラム集成』（企画・総監修芳賀徹　源氏物語千年紀委員会　二〇〇九）
『別冊太陽　ドナルド・キーン』（平凡社　二〇一七）
『ドナルド・キーン・センター柏崎』（ブルボン吉田記念財団　二〇一三）
キーン誠己、ドナルド・キーン『黄犬《キーン》ダイアリー』（平凡社、二〇一六）
ツベタナ・クリステワ、ドナルド・キーン『日本の俳句はなぜ世界文学なのか』（弦書房　二〇一四）
山本健吉、ドナルド・キーン対談「俳句世界の伝統と現代　異なる美意識の接点に位置して」（『翻訳の世界』バベル・プレス　一九七八年十月）
村上護、ドナルド・キーン対談「詩歌に詠まれた桜たち」『俳句』（角川文化振興財団　二〇一一年四月）
円地文子、ドナルド・キーン、戸板康二、車谷弘「異色風流一夕話」『銀座百点』二三七号　一九七四年八月）
河路由佳、ドナルド・キーン『ドナルド・キーン　わたしの日本語修行《新装版》』（白水社、二〇二〇）
クーシュー、ポール＝ルイ『明治日本の詩と戦争』（金子美都子、柴田依子訳　みすず書房　一九九九）
クローデル、ポール『朝日の中の黒い鳥』（講談社学術文庫　一九八八）
サイデンステッカー、エドワード・G『流れゆく日々　サイデンステッカー自伝』（時事通信出版局　二〇〇四）
サリンジャー、J・D『フラニーとズーイ』（村上春樹訳　新潮文庫　二〇一四）
パス、オクタビオ『太陽の石』（阿波弓夫、伊藤昌輝他訳　文化科学高等研究院出版局　二〇一四）
――『オクタビオ・パス詩集』（真辺博章編・訳　土曜美術社出版販売　一九九七）

――『続　オクタビオ・パス詩集』（真辺博章訳　土曜美術社出版販売　一九九八）
――『弓と竪琴』（牛島信明訳　岩波文庫　二〇一一）
バルト、ロラン『ロラン・バルト講義集成第三巻　小説の準備』（石井洋二郎訳　筑摩書房　二〇〇六）
――『ロラン・バルト著作集　第七巻　記号の国』（石川美子訳　みすず書房　二〇〇四）
――『表徴の帝国』（宗左近訳　ちくま学芸文庫　一九九六）
――『明るい部屋　写真についての覚書』（花輪光訳　みすず書房　新装版一九九七）
ヒメネス、ファン・ラモン『ヒメネス詩集』（伊藤武好、伊藤百合子訳　未知谷　二〇一三）
ブライス、R・H『俳句　禅と俳句を愛して』（村松友次、三石庸子訳　永田書店　二〇〇四）
ボヌフォワ、イヴ「俳句と短詩型とフランスの詩人たち」『新潮』（川本皓嗣訳　二〇〇〇）
――『イヴ・ボヌフォワ詩集』（清水茂編・訳　小沢書店　一九九三）
ボルヘス、ホルヘ・ルイス『アトラス　迷宮のボルヘス』（鼓宗訳　現代思潮新社　二〇〇〇年十二月）
ボルヘス、ホルヘ・ルイス、高橋睦郎、山本容子「俳句　傳奇亭吟草」『すばる』（集英社　一九九九年十月）
モルプルゴ、イオアナ編『月の光がクジラの背中を洗うとき　48カ国108名の詩人によるパンデミック時代の連歌』（四元康祐、吉川凪訳　CUON　二〇二二）
ヤマタ・キク『パリの作家たち』（林孝一訳　三笠書房　一九五〇）
ランボー、アルチュール『ランボー全詩集』（宇佐美斉訳　ちくま文庫　一九九六）
ロルカ、ガルシア『ロルカ詩集』（長谷川四郎訳　みすず書房　一九六七）
――『ロルカ詩集』（小海永二訳　土曜美術社出版販売　一九九六）

松尾芭蕉『英文収録 おくのほそ道』（ドナルド・キーン訳 講談社学術文庫 二〇〇七）
――『芭蕉紀行文集 付 嵯峨日記』（中村俊定校注 岩波文庫 一九七一）
『去来抄・三冊子・旅寝論』（岩波文庫 一九三九）
――「幻住菴記」『校本芭蕉全集 第六巻 紀行・日記篇 俳文篇』（富士見書房 一九八九）
向井去来『去来抄・三冊子・旅寝論』（ワイド版岩波文庫 一九九三）
『画家・書家 中村不折のすべて 台東区立書道博物館蔵品選集』（台東区立書道博物館編、台東区芸術文化財団 二〇二〇）
『中村不折のすべて展 生誕140年画家・書家』（長野県伊那文化会館林誠編 二〇〇六）
大岡信『連詩の愉しみ』（岩波新書 一九九一）
太田靖子『俳句とジャポニスム メキシコ詩人タブラーダの場合』（思文閣出版 二〇〇八）
小澤實『芭蕉の風景（上）（下）』（ウェッブ 二〇二一）
車谷弘『わが俳句交遊記』（角川書店 一九七六）
『金子兜太の〈現在〉 定住漂泊』（齋藤愼爾編 春陽堂書店 二〇二〇年）
黒田杏子『俳句の玉手箱』（飯塚書店 二〇〇八）
――『俳句列島日本すみずみ吟遊』（飯塚書店 二〇〇五）
桑原武夫「第二芸術 現代俳句について」『現代日本文學大系 第74巻 中島健藏・中野好夫・河盛好藏・桑原武夫集』（筑摩書房、一九七二）
――『第二芸術』（講談社学術文庫 一九七六）
小西甚一『日本文学史』（講談社学術文庫 一九九三）

――『俳句の世界　発生から現代まで』（講談社学術文庫　一九九五）
佐藤和夫『海を越えた俳句』（丸善ライブラリー　一九九一）
柴田依子『俳句のジャポニスム　クーシューと日仏文化交流』（角川叢書　二〇一〇）
田澤佳子『俳句とスペインの詩人たち　マチャード、ヒメネス、ロルカとカタルーニャの詩人』（思文閣出版　二〇一五）
田辺聖子『花衣ぬぐやまつわる……わが愛の杉田久女（上）（下）』（集英社文庫　一九九〇）
辻原登、長谷川櫂、永田和宏『歌仙はすごい　言葉がひらく「座」の世界』（中公新書　二〇一九）
寺田寅彦『寺田寅彦随筆集　第三巻』（岩波文庫　一九四八）
夏石番矢編『「俳句」百年の問い』（講談社学術文庫　一九九五）
夏目漱石『漱石俳句集』（坪内稔典編　岩波文庫　一九九〇）
――『定本　漱石全集　第十七巻』（岩波書店　一九九六）
長谷川櫂『「奥の細道」をよむ』（ちくま新書　二〇〇七）
ピーター・マクミラン『松尾芭蕉を旅する　英語で読む名句の世界』（講談社　二〇二一）
堀口大學『堀口大學全集　第八巻』（小澤書店　一九八六）
正岡子規『獺祭書屋俳話　芭蕉雑談』（岩波文庫　二〇一六）
――『墨汁一滴』（岩波文庫　改版一九八四）
――『仰臥漫録』（岩波文庫　二〇二二）
――『病牀六尺』（岩波文庫　一九八四）
マブソン青眼選句・フランス語訳・序文『日本レジスタンス俳句撰　*Haïkus de la Résistance Japonaise*

（1929–1945）』（ピッパ　二〇一七）
『マチャード　ヒメーネス　ロルカ』（鼓直、荒井正道、会田由訳　平凡社　一九六九）
水原秋桜子『日本詩人全集31　新潮社　一九六九』
森直香『フェデリコ・ガルシア・ロルカと日本』（晃洋書房　二〇二〇）
山口誓子『山口誓子全集　第七巻』（明治書院　一九七七）
矢島翠『ラ・ジャポネーズ　キク・ヤマタの一生』（潮出版社　一九八三）
山本健吉『山本健吉全集』（全十六巻別巻一巻　講談社　一九八三―八五）
――『俳句の世界』（講談社　一九六九）
――『定本　現代俳句』（角川選書　一九九八）
横山正克『ふるさと遙か　出雲と米子』（立花書院　一九八七）
吉村侑久代『R・H・ブライスの生涯　禅と俳句を愛して』（同朋舎出版　一九九六）
四元康祐、谷川俊太郎、明迪、金恵順『三か国語連詩』（Vagabond Press　二〇一五）
『プロアマオープン平成大句会』（NHK出版編　日本放送出版協会　一九九四）
井尻香代子「スペイン語ハイクの韻律　アルゼンチン・ハイクの音声分析から」『京都産業大学論集人文科学系列　46』（二〇一三年三月）
――「アルゼンチンにおける日本詩歌の受容について」『京都産業大学論集』（二〇一一）
伊東裕起「英語圏における俳句の受容史の概観　W・G・アストンからR・H・ブライスまで」『城西大学語学教育センター研究年報』（二〇一八）

太田靖子「オクタビオ・パスの詩における俳句の影響」『イスパニカ』三十八号（一九九四）
児玉千晶「スウェーデンにおける俳句受容」『北ヨーロッパ研究』第四巻（二〇〇七）
小村志保美「ハロルド・G・ヘンダーソンの足跡」『国際文化学』31号（神戸大学大学院国際文化学研究科　二〇一八年三月）
鈴木哲也「俳句と北アイルランド現代詩」『明治大学教養論集』5・6号（二〇一六）
高橋りえこ「現代ギリシア詩に於ける「俳句」の受容（1）（2）」『プロピレア』第五、第六号ギリシア語・文学研究会』（一九九三、一九九四）
玉井崇夫「フランスにおける俳句」『明治大学人文科学研究所紀要』第43冊（一九九七年十二月）
堀切克洋「俳句の国際化をめぐるパラドックス」『東京大学大学院総合文化研究科　フランス語系学生論文集 Résonance』第9号（二〇一五）
松本弘法「R・H・ブライスによる俳句の英訳：俳句と禅」『翻訳研究への招待』15（二〇一六）
宮坂豊夫「ハイクの周辺　語学的視点からの研究ノート」『人文論究』51巻1号（二〇〇一）
――「俳句はドイツへどのように紹介されたか」『人文論究』52巻1号（二〇〇二）
『季刊 iichiko　特集オクタビオ・パスの文化学　風の刃・サムライ・窓』（三和酒類株式会社　一九九一年 winter）
Keene, Donald, *Japanese Literature*, Tuttle, 1977
――, Ed., *Anthology of Japanese Literature: From the Earliest Era to the Mid-Nineteenth Century*, Grove, 1955

——, *World Within Walls: Japanese Literature of the Pre-Modern Era, 1600–1867*, Holt, Rinehart, and Winston, 1976

——, *Dawn to the West: Japanese Literature in the Modern Era*, Vol. 1, Vol. 2, Holt, Rinehart, and Winston, 1984

——, *Seeds in the Heart: Japanese Literature from Earliest Times to the Late Sixteenth Century*, Henry Holt and Co., 1993

——, *Twenty Plays of the Nō Theatre*, Columbia UP, 1970

——, *Travelers of a Hundred Ages: The Japanese as Revealed through 1,000 Years of Diaries, Modern Japanese Diaries*, H. Holt and Co., 1989

——, *The Pleasures of Japanese Literature*, Columbia UP, 1988

——, *The Winter Sun Shines In: A Life of Masaoka Shiki*, Columbia UP, 2013

Beichman, Janine, *Masaoka Shiki: His Life and Works*, Cheng & Tsui Co., 2002

Blyth, R. H., *The Geniuis of Haiku* readings *from R. H. Blyth on poetry, life, and Zen*, Hokuseido, 1995

——, *Haiku* Vol. 1–Vol. 4, Heian Intl, 1981–1982

Bonnefoy, Yves, « Le Haïku, la forme brève et les poètes français » *Le Haïku en France: Poésie et Musique*, ed. Thélot, J. & L. Verdier, Kimé, 2011

Chamberlain, B. H. "Basho and the Japanese Poetical Epigram"

de la Rochefoucauld, Edmée, « Kikou YAMATA », *Revue des Deux Mondes*, Mars, 1977

Mabesoone, Seegan, *Haïkus de la Résistance Japonaise (1929–1945)*, Pippa Editions, 2016

Paz, Octavio, *Renga: A Chain of Poems*, G. Braziller, 1971

Pound, Ezra, "Vorticism" *Fortnightly Review* (96: 1 Sep. 1914)

Van Den Heuvel, Cor, *The Haiku Anthology*, WW Norton & Co. Inc, 2000

Waley, Arthur, *The Tale of Genji* Vol. 1–Vol. 6, George Allen & Unwin, 1925–1933

——, *The Noh Plays of Japan*, George Allen & Unwin, 1921

Yamata, Kikou, *Sur des Lèvres Japonaises*, Le Divan, 1924

Yasuda, Kenneth, *The Japanese Haiku: Its Essential Nature, History, and Possibilities in English, with Selected Examples*, Tuttle, 1981

Yotsumoto, Yasuhiro, Ming Di, Kim Hyesoon, Shuntaro Tanikawa, *Trilingual Renshi*, Vagabond, 2015

著者略歴

一九六四年東京生まれ。八二年アメリカ、サン・ドメニコ・スクール卒業。八七年慶應義塾大学文学部フランス文学科卒業。同大大学院博士課程前期中退。

著　書

『ひとつぶの宇宙　俳句と西洋芸術』（本阿弥書店）

訳　書

『源氏物語　A・ウェイリー版』全四巻（森山恵との共訳、左右社、二〇二〇年ドナルド・キーン特別賞受賞）

ドナルド・キーンと俳句

二〇二二年六月二〇日　印刷
二〇二二年七月一〇日　発行

著者 © 毬《まり》矢《や》まりえ
発行者　及川直志
印刷所　株式会社三秀舎
発行所　株式会社白水社

東京都千代田区神田小川町三の二四
電話　営業部〇三（三二九一）七八一一
　　　編集部〇三（三二九一）七八二一
振替　〇〇一九〇—五—三三二二八
郵便番号一〇一—〇〇五二
www.hakusuisha.co.jp

乱丁・落丁本は、送料小社負担にてお取り替えいたします。

株式会社 松岳社

ISBN978-4-560-09453-2
Printed in Japan

金子兜太戦後俳句日記

全三巻

金子兜太 著

第一巻（一九五七年〜一九七六年）
戦後俳壇の第一人者が六十一年にわたり書き綴った日記を刊行。赤裸々に描かれる句作の舞台裏。知的野性と繊細な感性が交差する瞬間。

第二巻（一九七七年〜一九九三年）
朝日俳壇選者への就任や日本芸術院賞授与など、俳人としての業績が高まる中で、句作を進化させていく真摯な姿が描かれていく充実期。

第三巻 続刊

（二〇二二年六月現在）